JALファーストクラスの
チーフCAを務めた
「おもてなし達人」が教える

〝心づかい〟の極意

江上いずみ

Discover

はじめに　おもてなしの一歩先をいく「心づかい」

本書のタイトルにも入っている「おもてなし」という言葉。

これは、歓迎の心を込めて相手を丁重に取り扱うという意の「もてなし」という名詞に、丁寧な意味に変換する接頭語の「お」をつけたものです。

その語源には、2つの説があるといわれています。

1つは「心を以て、行為をなす」という意味から、もう1つは「表なし（つまり、裏表がない）」という意味からです。


大切に思う気持ちで相手をお迎えし、相手に気分よくなっていただき、喜んでいただくために心を尽くすこと。

表裏なく、「心の底から」相手を大切に思って心を尽くすこと。

おもてなしとは、そうした基盤の上に成り立つふるまいです。そのため、相手に対価や見返りを求めることはなく、素直な心で自然発生的に対応するものというイメージになります。

かねてから、「おもてなし」は日本人の文化として根づいていました。それがにわかに脚光を浴びたのは、やはり2020年東京オリンピック・パラリンピック招致活動の最終プレゼンテーションではないでしょうか。

「お・も・て・な・し」

アナウンサーの滝川クリステルさんがおっしゃったこの言葉は、招致への期待に沸く日本でもテレビ中継されました。その後も多くのメディアで取り上げられ、今や英語などの外国語に訳さずとも、「OMOTENASHI」とローマ字で表記しただけで、その意味が伝わるといわれています。

滝川さんご本人、あるいは東京招致団のねらいは、オリンピックを観戦しに日本を訪れる外国人に対し、丁寧かつ親切に対応する日本人の美徳をアピールすることだったのでしょう。その意味では、「おもてなし＝ホスピタリティ」というイメージで語られていたと思います。

そもそも、「ホスピタリティ」は交通機関や宿泊施設が整備されていなかったはるか昔、危険の真っただ中を巡礼する異邦人を歓待することを意味していたといいます。

もちろん、「おもてなし＝ホスピタリティ」というイメージで使われることが悪いと言っているわけではありません。

ただ、ホスピタリティは精神的な部分に重きが置かれ、行動としては「広くあまねく一律に提供する」というニュアンスがあると感じています。

それに対して、私がイメージする「おもてなし」には少し違う印象があり、英語で表記するとすれば「コンシダレーション」ではないかと考えているのです。

「コンシダレーション」(consideration)を直訳すると、「思いやり」「斟酌」という言葉が当てられます。相手の心を斟酌して思いやりをもって行動するという意味で、「心づかい」

と言い換えてもいいと思います。
ホスピタリティが誰にでも同じように親切に接するイメージだとしたら、コンシダレーションは相手に応じて変化するイメージといえます。

相手の人となりや状況をよく見ることで、どのように対応すればいいかに自分で気づき、思いやりの気持ちをもって相手に接する――そんなイメージです。

私が本書でお伝えしたいのは、この「**心づかい**」についてです。

心づかいは、どのような考え（原則）に基づいているのか。
具体的に、どのようなことを習慣にすると身につくのか。

本書を手に取ってくださったみなさまに、心づかいの基本的な考え方を知っていただき、さまざまな人とかかわるすべての場面で、この心づかいを実践していただきたいと思っています。

多くの人が心づかいをもって人に接することで、人と人の関係は今よりもはるかに良くなると考えているからです。

「心づかい」はサービスとは異なるもの

「心づかい？　それって『サービス』とどう違うの？」

そんな疑問を持たれた人もいらっしゃるかもしれません。

サービスは、ラテン語の「servire」が語源となっていて、そこには「servus＝奴隷」というニュアンスが含まれています。サービスを提供される側とサービスを提供する側に主従関係が生まれ、どうしてもお客さまが上、スタッフが下という上下関係が発生してしまいます。

レストランを例に考えてみます。

お客さまがウェイターやウェイトレスからサービスの提供を受けるとき、そこに主従関係や上下関係が発生するとどうなるでしょうか？

お客さま側には、サービスを提供してもらって当然という横柄な態度が生まれます。さらに、サービスを提供される側の「持てるお客さま」が、サービスを提供する側の「持たざるウェイター・ウェイトレス」に対して、サービスの報酬としてお金を「ほどこす」という副次的な態度も発生します。

これがサービスチャージであり、「チップ」という概念です。冒頭でお話ししたように、「相手に対価や見返りを求めることはなく、素直な心で自然発生的に対応するもの」とは似て非なるものではないでしょうか。

一方、どのような立場の人間関係であっても、心づかいには主従関係や上下関係は発生しません。したがって、対価や見返りを施そうとしたり、求めようとする態度は生まれません。

それぞれ異なる立場の相手に対して、何をすれば喜んでもらえるか――そうしたことを純粋に考えようとする姿勢は、サービスとは異なるものなのです。

アメリカ人の記者が、こんなことを書いています。

「外国では、レストランやホテル、タクシーなど、さまざまな場面でチップやサービスチャージが必要になる。しかし、日本人にはそういった概念はない」

「ホテルでバゲージを頼んでもチップを払う必要はなく、だからといって、サービスの質が劣るわけでもない。日本人はチップを支払わなくても、誠実にプロフェッショナルとしてのサービスを提供してくれる」

「それは、日本人がチップを得るために働いているわけではなく、プライドを持って働いているからだ。だからこそ、日本人からは素晴らしいサービスが生まれるのである」


記者は、この記事のなかで「サービス」という言葉で表現していますが、この日本人の態度こそが「心づかい」なのです。

✤「心づかい」は、あなたの良さを引き立たせるビジネススキル

私は最近、某生命保険会社で新任研修の講師を務めています。

その生命保険会社では、毎月のように人材を採用し、毎月のようにビジネスマナー研修を行っています。つまり、希望をもって就職しても、その仕事のたいへんさゆえ、多くの人材が辞めていってしまうので、毎月のように補充して採用していく必要があるということです。

たしかに、業界の事情に明るくない私が考えても、非常に厳しい世界だということは容易に想像できます。

たとえば、車の販売店であれば、車に興味がある、あるいは車を買いたいと思って来店したお客さまに対する接客方法を学べばよいでしょう。この場合は、店員とお客さまが同じ方向のベクトルを持っており、理解も生まれやすいといえます。

それに対して、こういった生命保険の勧誘という仕事をする方々は、まったく見ず知らずの会社に行って階下で待ちかまえ、お昼休みにオフィスから降りてくる人、しかも多くの場合、まったく生命保険に興味や関心がない人たちをつかまえて、パンフレットを渡すわけです。

はたして、どのくらいの方が笑顔でそのパンフレットを受け取り、話を聞いてくれるでしょうか？　その苦労は並大抵のことではないと思います。

では、そういった厳しい世界で、声をかけた相手に振り向いてもらうには、何が必要なのでしょうか？

生命保険は、特に商品内容の差別化が難しい世界だといいます。ほとんど内容の変わらない商品の中から、こちらがおすすめしたものを選んでいただくには、売る側の第一印象や心づかいがとても大切になってくるのではないかと私は考えています。

仮に、話を聞いていただけるところまでこぎつけたとしましょう。相手と喫茶店に入り、商品内容について説明しはじめます。契約を取りたいあまり、夢中になって説明してしまう。それはやむを得ないことかもしれません。

でも、注文したコーヒーをウェイトレスの方が運んできたとき、相手のことしか見ておらず、彼女を無視して説明を続けていたらどうでしょうか？　相手は、あなたに良いイメージを持ってくれるでしょうか？

逆に、コーヒーが置かれたときにしっかりと顔を上げ、ウェイトレスに視線を向けてにこやかな笑顔で「ありがとうございます」と言ったらどうでしょう。説明が中断したことに腹を立てる人などいないでしょう。むしろ、人に対しての心づかいや配慮ができる人という、良い印象を持ってもらえるにちがいありません。

ビジネスは、すべからく人と人が織り成す行為です。

どんなにインターネットが発達しても、人と人の関係がなくなるわけではありません。そしてその関係は、時と場合によって変化するものでもあります。

相手の人となりや状況によって、どのような対応をすればいいかについて自分で気づき、思いやりの気持ちをもって相手に接する——そんな心づかいの基本は、ビジネスパーソンにとって最低限必要なものになるはずです。

いいえ、最低限必要だというネガティブな発想ではなく、**相手に心づかいができる人という印象を与えたほうがあなたの良さが引き立つ**というポジティブな発想でとらえるべきかもしれません。

そのことが、いずれビジネスとしての成果に結びつくという考え方は、決して理想論ではないと私は考えています。

上司や同僚、部下にも「心づかい」をしていますか？

さまざまな業種のビジネスパーソンを見ていると、お客さまに対する心づかいができる人は多くいます。それでも、心づかいができている場面とできていない場面にバラツキがあって、まだ十分ではないと感じています。

むしろ、**お客さまに対してはしっかりと心づかいができているのに、上司に対して、同僚に対して、あるいは部下に対しては同じような心づかいができていない人がとても多いのが現状です。**

ビジネスは、個人ではできません。上司は、自分がマネジメントするメンバーに気持ちよく働いてもらうことが必須の要件です。

チームで働くことではじめて成果を出せると考えれば、チームメンバーも同僚や先輩・

後輩に対して心づかいをすることで、気持ちよく働ける環境をつくらなければなりません。

人と人とが濃密にかかわっているのが組織なので、心づかいによってその関係を大切にしないと、業務が円滑に進まないのは明らかです。

「社員を大切にする」という言葉は、イメージが良いので多くの経営者が使います。でも、社員を大切にするために具体的に何をやっているか、それを明確に挙げられる経営者はどれだけいるでしょうか？

それは、経営者だけでなく、すべてのビジネスパーソンにいえることです。**お客さまを大切にし、部下を大切にし、先輩を大切にし、仲間を大切にする**――そのために欠かせないベースとなるのが、人としての心づかいなのです。

客室責任者として培ってきた「おもてなしの心」

私は、大学を卒業してから30年間にわたり、日本航空の国際線・国内線のキャビンアテンダント（CA）として勤務してまいりました。

先任客室乗務員（チーフパーサー）に昇格してからは、客室責任者として「**お客さま一人ひとりに細かい配慮と心づかいを**」という「おもてなしの心」を先任ポリシーに掲げて、後進の指導育成にもあたりました。

そしてその心づかいは、お客さまだけではなく、同乗したすべてのＣＡにも向けようと努力をしてきたつもりです。

６０００名近くいる日本航空のＣＡは、いつも同じメンバーで乗務するとは限りません。毎回のフライトを楽しく笑顔で乗務してもらうためには、やはりその飛行機の客室責任者であるチーフパーサーの裁量は大きいと思います。

ＣＡが楽しそうに、にこやかにサービスしていれば、必ずその心地よさはお客さまに伝わるものだと信じ、そのような機内の空間づくりを心がけてきました。

本書は、私がＣＡとして働いていた時期に経験した事例をベースに、「心づかい」とは何か、その原則とスキルをまとめたものです。

したがって、航空機の機内の事例が多く出てきます。しかし、そういった事例は、機内という特殊な空間での出来事だけではなく、あらゆるビジネスに通ずるものだと私は考えています。

本書をお手に取っていただいた読者のみなさまには、ぜひ心づかいに関する「7つのルールと30の習慣」をご理解いただき、できそうなところから実践していただきたいと思っています。

何よりそれが、ビジネスの現場で対人関係を築いていくうえでの「武器」になると信じているからです。

みなさまが、この武器を駆使して成果を上げ、あるいは対人関係を円滑に進めることで信頼を勝ち取り、ワンランク上のステージに上がられることが、この本を執筆した私の大きな願いです。

2016年9月

江上　いずみ

JALファーストクラスの
チーフCAを務めた
「おもてなし達人」が教える
〝心づかい〟の極意

もくじ

第2章　おもてなし達人の「心づかい」30の習慣

第1章
おもてなし達人の「心づかい」7つのルール

ルール1　相手の時間を大切にする

本書では、サービス業に従事される方にとってのお客さま、その他の業種に従事される方にとってのお取引先など、広い意味での「顧客」に対する「心づかい」について、お話ししていきます。

そして、顧客だけにとどまらず、会社の上司や先輩、同僚など周囲で一緒に働く「チームメンバー」に対する「心づかい」についても言及していきます。

1つひとつの具体的なスキルの話に入る前に、まずは私が特に大切にしている「7つのルール」をご紹介したいと思います。

その1つ目は、**「相手の時間を大切にする」**ということです。

私がチーフパーサーとして国際線に乗務していたときのこと。ある大物女性ミュージシャンが、ホノルル・成田便のファーストクラスに搭乗されました。

ホノルル・成田間の飛行時間は、およそ7時間から8時間です。しかしその方は、離陸したとたんに熟睡モードに入られ、成田に到着するまでひたすらお休みになっていました。結局、最後までファーストクラスの機内食に手をつけられることはありませんでした。

マネージャーの方から、「彼女を起こさないでください」「彼女に直接話しかけないでください」と言われたので、事情をお聞きしました。すると、機内ではゆっくりお休みになりたいという意図で、ご搭乗前に空港でハンバーガーを召し上がってきたとのことでした。

機内での過ごし方は、人によってまったく異なります。

普段は落ち着いて事務仕事ができないほど忙しいので、機内ではじっくりとそういった雑務をしたいと考える人もいらっしゃいます。反対に、彼女のように普段は寝る間もなく働いているので、機内では移動時間を利用してゆっくり眠りたいと考える方もいらっしゃるのです。

ファーストクラスにお乗りになった人はみな、おいしいお食事を楽しみにされていると思い込むのは早計です。初めてお乗りになるときは、楽しみにされている方も多いでしょうが、それも絶対というわけではありません。

彼女が、百数十万円もの大金を払ってファーストクラスにお乗りになった理由は、金額にふさわしいサービスを受けることではなく、誰にも邪魔されずに眠るための時間を確保する――そのためのコストだったのです。

相手は、今、何を大切に考えているか。特に、相手の時間を大切にすることは心づかいの基本原則です。

それを察知するのはとても難しいことかもしれません。しかし、いくら充実したサービスを提供する用意があるからといって、そのサービスを押しつけることは、心づかいの原則からもっとも遠いところにあると考えなければなりません。

機内に携帯電話を忘れてきてしまったお客さまへの心づかいとは？

「機内に携帯を忘れてきてしまったんです！」

せっぱ詰まった表情で窓口に駆け込んで来られるお客さまに対して、どのような言葉をおかけするべきでしょうか？

「何便でしたか？　お座席は何番でいらっしゃいましたか？」

すぐに対応するのがベスト――そう考えたうえで、多くの方はこのような第一声をおかけするでしょう。でも、これは心づかいにあふれた対応とはいえません。

では、どういった言葉からのアプローチが真の心づかいといえるでしょうか？

「それは大変でございましたね。さぞ、お困りかと存じます。このあとのお仕事やお約束、お待ち合わせの時間などは大丈夫でしょうか？」

まずは、**相手をいたわる言葉をかけ、相手の時間に対する配慮をする。**そんな言葉から入って、次に続けていきます。

「すぐにお探しいたしますが、もしよろしければ、その間にお仕事先やお待ち合わせのお相手など、ご連絡が必要なところがございましたら、どうぞこちらの電話をお使いになってください」

今、携帯電話がなくても「連絡する手段がある」ことを認識していただき、焦っている気持ちを少しでも落ち着けていただく。これは、相手の時間を大切に思う心づかいの第一歩です。

「それは助かるよ。5時にアポイントがあるから、その連絡だけはさせてもらいたい。ちょっと電話を借りるね」

多くのお客さまは、ホッとした表情でそうおっしゃいます。

困っているだろうから、一刻も早く探してあげたい。だから、「何便ですか?」「お座席は何番でしたか?」「すぐにお探しします」という言葉が口をついて出てくる――その気持ちはわからないではありません。

でも、お客さまの状況を考えると、それが第一声としてかけるべき心づかいといえるかどうかは冷静に考える必要があるのです。

お客さまから申し出があって、機内清掃のスタッフに連絡し、探し当てた携帯電話を自ら走ってゲートまで取りに行って戻ってくる、あるいはゲートにいるスタッフに届けてもらうまでには20分から30分の時間がかかってしまいます。

しかも、すぐに見つかる保証はありません。そうなると、お客さまの携帯電話がお手元に戻るまでの時間はさらに長くなります。それに、確実ではない情報を安易にお客さまに言うわけにもいきません。

ここでは、予定が崩れてしまうのは確実なのですから、**遅れるということを連絡したいはずだと想像できるかどうかがポイントです。**便名や座席番号をお聞きするのは、その次の段階です。

大事な携帯電話を失くしてしまった後悔、時間に遅れてしまう焦り、どのくらいの時間がかかるかわからない不安……。

そんななか、ただひたすら待つことしかできない状態に置かれるお客さまの気持ちを想像してみてください。イライラが募り、つい地上スタッフに責任転嫁するような言動を取られても不思議ではありません。

そのときに、心づかいがなかったばかりに、いわれなきクレームを受けてしまうことさえあるのです。

携帯電話をお使いになっている人は、こんな疑問が浮かぶでしょう。

「でもやっぱり、携帯がないと、連絡先がわからないし……」

そのとおりです。

でも、冷静になって考えれば、ほかにも方法はあるはずです。

その方がノートパソコンをお持ちであれば、お相手からのメールに署名が書かれていることがあります。

「そこにお相手の電話番号が書かれているようでしたら、それをご覧になってお電話をお使いください」と言えると、なおいいでしょう。


今、ここを読んでいらっしゃるみなさんは、「そんなの、当たり前じゃん」と思われたかもしれません。しかし、携帯電話を失くして動転されていて、時間に間に合わないと焦っていらっしゃる人は、得てして冷静な思考ができないものです。

あるいは、何らかの事情で電話が通じない場合、メールで連絡を取ったほうがいいケースもあります。

空港にはＷｉ－Ｆｉがつながるエリアがあるので、その場所をご案内してパソコンからのメールで連絡を取っていただくようお知らせするのも1つの方法です。

相手が何をしたいと思っているか。

そのために、自分に何ができるか。

重要なのは、相手の時間の使い方を想像し、それを最優先することです。いくら相手のために動いていても、時間を曖昧にしたまま放置するのは、自分サイドのことしか考えていないことにほかなりません。

「10分ほどお待ちいただくので、その間にできることをやっていただく」——その意思表示こそが、相手の時間を大切にする心づかいになるのです。

ワンスモールステップ

相手が今、何をしたいと考えているかを想像する

ルール2　相手に恥をかかせない

国際線の長時間のフライトでは、多くのお客さまがお休みになります。さまざまなタイプのお客さまがいらっしゃるので、なかには周囲の方が耐えがたいほどの「騒音」を発する人もいらっしゃいます。

そう、「いびき」です。

「ちょっと、これじゃ眠れないよ。何とかしてよ」

隣の席のお客さまから、こんな苦情が寄せられることは少なくありません。そのとき、どのように対応すればいいのでしょうか？

「いびきがひどいお客さまは、こんな言葉で対応しましょう」

研修で、そんなことはやってくれません。しかし長年の経験があれば、毛布をおかけしてお身体にそっと触れると、スーッといびきが止まるものです。

そのことを知っていればともかく、何も知らない新人が先輩に確かめることもなく、お客さまからのクレームに対応しようと、あわてて注意したらどうなるでしょうか？

「お客さま、失礼いたします。恐れ入りますが、いびきがほかのお客さまのご迷惑になっているようなので……」

そっと配慮する言葉を使ったとしても、そんなことを言おうものなら、大変なことになります。


それは、いびきに限ったことではありません。ある夏の暑い日のこと、著名な企業の社長がファーストクラスにご搭乗されたときのことです。

社長はウェルカムドリンクを飲んで一息つかれたあと、おもむろに靴を脱ぎ、靴下まで脱いで足を伸ばされました。そのとたん、ファーストクラスの客室中に、ものすごい臭いが漂ってしまったのです。


たまりかねた若い男性ＣＡが、その社長のもとに行ってこう言いました。

「失礼いたします。お客さま、御御足《おみあし》が臭うございます」

さあ、大変。その社長は顔を真っ赤にして激昂されます。

「だからどうしろと言うんだ！」

いくら最上級の敬語を使ったとしても、このような言い方でアプローチしては失礼千万です。では、こんなときは、どのような言葉をおかけするべきでしょうか？

たとえば、次のようなアプローチでコミュニケーションを図るのはどうでしょう。

「お客さま、今日はたいへん暑い日でしたから、汗をおかきになられたのではないでしょうか。よろしければ、こちらで御御足をお拭きになりませんか？」

そう言って、冷たいおしぼりを差し出せば、それは注意ではなく、おもてなしの行為、心づかいになります。

理不尽なクレームをつけてきたお客さまにも「心づかい」を

お客さまからクレームを受けたとき、こちらの落ち度であることが明らかな場合は、謝罪が先決です。

担当ＣＡがお客さまの服にコーヒーをこぼしてしまったという報告が入ったら、チーフとしては、当然「ご迷惑をおかけいたしまして、たいへん申し訳ございません」と謝罪します。

でも、理不尽なクレームの場合は、違う言葉からはじめます。

クレームの内容がわかっていたとしても、「失礼いたします。何かございましたでしょうか？」と言葉を切り出します。

すると、お客さまは速射砲のようにまくしたてて来られます。まずは、その言い分を途中で遮ることなく真摯な態度で聞きます。軽々に謝罪はせず、本当にこちらが謝罪しなければならないことなのか、しっかりと把握できるまでは判断を下しません。

ただ、**理不尽なクレームをしてくるお客さまの話をお聞きするときでも、立ち位置や態勢には気をつかいます。**

最初は立ったまま話をお聞きしますが、クレームが延々と続くようであれば、腰を落として目線をお客さまに合わせるようにします。

上からの目線は、相手により不快感を与えてしまうからです。

「腰を落とす」という行為は、後方にいらっしゃるお客さまから目立たないようにする配慮でもあります。

もし立ったままで、しかも難しい神妙な面持ちでその方のお話を伺っていれば、後方のお客さまからもこちらの困り果てた表情が見えてしまい、「あの人、CAにクレームを言っている」とわかってしまうからです。

クレームをつけたいお客さまでも、機内のほかのお客さまに見られるのは、意外とバツが悪いものです。

直立不動でクレームを聞くのも、腰を落とし視線の高さを合わせて伺うのも、かかる時間は変わらないでしょう。それでも相手に与える印象が違って、心づかいを感じてもらうことができれば、もしかしたら理不尽なクレームをつける人の気持ちが少し穏やかになっていくかもしれないのです。

これらのケースに共通するのは、「お客さまに恥をかかせない」ということです。どんな事情があっても、お客さまに恥をかかせることは絶対に避けるべきです。

その言葉をかけたら相手はどう思うか。その態度をとったら相手はどう感じるか——想像力さえあれば、相手に恥をかかせる事態は避けられるはずです。

ワンスモールステップ

お客さまと視線の高さを合わせる

ルール3　相手に関心を持って寄り添う

一般的に、職場ではメインプレイヤーとサポートプレイヤーがそれぞれの役割に基づいて仕事をしています。

上司に対する部下、先輩社員に対する新入社員、営業職に対する事務職、経営者や役員に対する秘書、医師に対する看護師。その関係のなかで効率的に仕事を進めるうえでは、サポートプレイヤーはメインプレイヤーに対する心づかいを意識しながら行動するべきでしょう。

「これ、会議で配るから、20部コピーしておいて」

上司から、そんな指示を受けたとします。そのとき、ただコピーしただけでバラバラな状態で持っていくか、ホチキスできちんと綴じていても綴じ方が雑な状態で持っていくか、1ミリのズレもなくきれいにそろえた状態で持っていくか——サポートプレイヤーの心づかいはそんなところにも表れます。

ホチキスで綴じる行為だけでも、心づかいを発揮する場面はあります。

横書きの書類の場合、たいていは左端を綴じますが、これは右利きの人を前提とした綴じ方です。もし、参加者の中に左利きの人がいた場合はどうでしょうか？　その人の分だけ右端を綴じて渡せば、その人は見やすいと感じるでしょう。

これは、まぎれもなく心づかいのできる人の行動です。

左利きであることを知っているのは、「**あなたのことを見ていますよ**」という心づかいの表出です。さらに、そのためにわざわざほかの人と違う綴じ方をするのは、「**あなたに寄り添う気持ちがありますよ**」という心づかいなのです。

機内で泣き叫ぶ赤ちゃんの母親と、クレームをつけてきたビジネスパーソンの気持ちに寄り添うには？

地上数千メートルの高高度を飛行する機内は、調整をかけているとはいえ、気圧の変化で耳が詰まることがあります。大人はそれを「抜く」手段を知っていますが、赤ちゃんはその術がわかりません。それだけが理由ではありませんが、赤ちゃんが機内で激しく泣いてしまうのはしかたがないところです。

そのとき、隣に忙しいビジネスパーソンが座っていたらどうでしょう。

目的地に着いたらすぐに商談があるため、機内では睡眠を取りたいと考えている場合もあると思います。そんなとき、隣で赤ちゃんに泣かれてしまったら、どのような気持ちになるでしょうか？　赤ちゃんだからしかたがないとはわかっていても、ついクレームをつけたくなる人もいるかもしれません。

「うるさくて眠れないから、何とかしてよ！」

こう言うお客さまを責める気にはなれません。

このとき、同じクラスの座席が空いていれば、席をアレンジしますが、その方法はとても大切です。

もし、そのお客さまから離したほうがよいという判断のもと、赤ちゃん連れのお母さまを移してしまったらどうなるでしょうか。その移った先の座席で泣いてしまったら、今度はその座席周辺の方から、さらに大きなクレームがくるに違いありません。

もともとの座席で赤ちゃんが泣き叫んだのであれば我慢しますが、CAがわざわざ席を移してきて、隣で泣かれてしまったりしたら、そのお客さまにとっては耐えがたい苦痛かもしれないからです。

そういった意味で、この場合は、赤ちゃん連れのお母さまの席を移すのではなく、クレームをしてきたお客さまご自身に移動していただくのが正解であると、つねに後進にもその心づかいの表し方を伝えてきました。

しかし、運悪く空席がなかった場合は、アレンジすることはできませんから、我慢していただかなければなりません。エコノミークラスからビジネスクラスなど、クラスをまたいで移っていただくことは、規定によりできないことになっているからです。

そんなときは、**ただ「できません」と言うのではなく、できるだけ代替案を考えてご提案することにしています**。

たとえば、サービス終了後であれば、赤ちゃん連れのお客さまをギャレー（機内のキッチン）の中にご案内し、そこで少し遊んでいただくといった方法です。

泣き叫ぶ赤ちゃんを抱いているお母さまは、本当に申し訳ないという気持ちでいっぱいなものです。その気持ちに寄り添えば、隣の人に嫌な顔をされたままの状態で座っているよりも、ギャレーで遊ばせてもらったほうがホッとするはずです。

そして、遊んでいただいている間に、クレームのお客さまにはこう言います。

「ご迷惑をおかけして、たいへん申し訳ございません。しばらく向こうで遊んでいただくので、その間にどうぞ少しでもお休みください」

こう言えば、眠りたいのにうるさくて眠れないという気持ちに寄り添い、少しでもお休みいただこうという心づかいが、その人の昂ぶった感情をスーッと抑えてくれるでしょう。

心づかいをするには、相手に興味をもって観察することが欠かせません。

相手の立場を理解し、一生懸命に相手に寄り添う気持ちがあるということを表明するのも大切な要素です。

そのためには、漫然と観察するのではなく、なんらかの気づきを得ることが重要です。

相手に関心を持って観察し、気づきを得て、相手に寄り添う――そこからどのような心づかいをすべきかが見えてくるものなのです。

ワンスモールステップ

ただ「できません」と言うのではなく、つねに代替案を用意する

ルール4 「観察、状況認識、想像、判断、行動」の流れが基本

機内でのこと。ブルブルと震えていて、いかにも寒そう。顔の色も青白い。そんなお客さまが肩まで毛布をかぶっていらっしゃいます。

それでも「寒い、寒い……」とおっしゃっていて、ついには「もう1枚毛布をください」とリクエストされました。

このようなケースでは、どのような対応を取ればいいでしょうか?

リクエストに応えて「もう1枚、毛布をお持ちいたしました」と対応するだけでは、「普通」であり、一人前のCAとはいえません。

寒さの原因はともかく、そのお客さまは尋常ではないほど寒がっていらっしゃいます。その様子をよく観察すれば、ただ毛布をもう1枚かけるだけでは、温かくなっていただくことはできないのではないかと想像力を働かせます。

では、毛布をお持ちするのと同時に、温かい飲み物をお渡しすることで、お腹の中から

も温めたほうがきっと寒さが和らぐのではないだろうか――そう判断し、お客さまにプラスアルファのお声がけをします。

「ご一緒に、**何か温かいお飲み物はいかがでしょうか？**」

そんなお声がけができてはじめて、ワンランク上の心づかいができるCAと見なされるのです。

この一連の流れからおわかりいただけると思いますが、心づかいをするうえで大事なのは、次の5つのポイントです。

1　まず、お客さまを「観察」する

2　観察したいくつかのポイントから、正確に「状況を認識」する

3　状況認識に基づいて、相手の思いや要望を「想像」する

4　想像した相手の思いや要望に応えるため、自分の中の心づかいの引き出しからどのようなスキルを持ち出すかを「判断」する

5　実際に、「行動」してみる

心づかいのできる人は、この5つのことを一瞬のうちに行います。しかし、経験の浅いうちは難しいので、自ら鍛えていかなければなりません。

まずは、「観察力」を磨くことが大切です。**1つの視点に偏ることなく、あらゆる角度から相手を見ることが重要です。**

正確な状況認識と想像力は、観察によって集めた材料を自分の頭でよく考えることからしか生まれません。

そのときに大切なポイントは、**相手の立場に立つことです**。言葉にすると簡単ですが、相手の気持ちを推し量るのは意外と難しいものです。

そして、状況を認識し、相手の要望を想像して気づいたことと、自分の中にある心づかいの引き出しのスキルを対比します。そこから最適なスキルを選び出すのですが、そのためには、引き出しの数を増やすことが求められます。

最後に、相手のことを思いやり、誠意を込めて提案する。ここでは、高いレベルでのコミュニケーション能力が必要になります。

このように、条件とその鍛え方を箇条書きにすると難しく感じられるかもしれませんが、これからお示しする事例をご覧いただければ、意識ができれば誰にでもできるとおわかりいただけると思います。

目に見えないことまで想像できるかが大切

機内では、パソコンでお仕事をされる方が多くいらっしゃいます。

パソコンで仕事をしている方からコーヒーをオーダーされたとき、私たちは必ずペーパーカップに「リッド」とよばれるフタをつけてお持ちします。それはなぜでしょうか？

コーヒーをお渡しするとき、手元がすべってパソコンの上にコーヒーをこぼしてしまったら大変だからです。リッドをつけてお渡ししていれば、お飲みになっているときに揺れはじめても、とっさにその揺れを察知してご自身でフタをしていただくことができるでしょう。

また、コーヒーをご所望の方が窓側にいらっしゃって、手前の通路側の方がパソコンをお使いの場合も、必ずリッドをおつけします。通路側のお客さまのパソコンの上を飛び越えてお渡ししているときに、突然激しい揺れが襲ってきて、パソコンはおろか、洋服を熱いコーヒーでビショビショにしてしまったりすると大変だからです。

このように、コーヒーをお渡しするというよくあるサービスでも、そこには「**観察、状況認識、想像、判断、行動**」という5つのポイントがかかわっているわけです。

また、子育てをご経験された人はおわかりいただけると思いますが、赤ちゃんを抱えていると、自分のタイミングでトイレに入ることは難しいものです。そのため、機内に入られたときには、かなり我慢をされている可能性が高いと思われます。

赤ちゃん連れのお母さまにお乗りいただいたら、まず赤ちゃんの名前をお聞きします。「かわいいですね。今、何か月でいらっしゃいますか」「お名前は何とおっしゃいますか」**そういった言葉をかけることで、お母さまは親近感を覚えてくださいます。**

そしてそのうえで、赤ちゃんの名前を呼んで、

「化粧室にお入りになるときは、私がたろうくんを見ていますので、どうぞお声がけくだ

さい」

こう言って赤ちゃんの名前を使って会話することで、お母さまとの間にさらなる信頼感が生まれるのです。


食事の後のタイミングもそうです。食後にトイレに行きたくなるであろうことを察知して、声をおかけすることを心がけています。

「もし化粧室に行かれるようでしたら、私がたろうくんを抱っこしていますので、お気軽にお声がけください」

そう言うと、ホッとしたようなお顔で反応されます。

「いいんですか？　じゃあ、ちょっとお願いします」

もちろん、自分の子を他人に触られるのが嫌な人もいます。

「大丈夫です」と言われたら、それ以上踏み込む必要はありません。


大切なのは、その人がここに来るまでに、どのようなプロセスを経てきたかを想像してあげられるか、です。

つまり、目には見えないことを、相手の立場に立って心の中で考えてあげることができるかどうかが問題なのです。

✿会話からもさまざまな情報が引き出せる

これらのケースでおわかりのように、「観察、状況認識、想像」については、それほど難しく考える必要はありません。

「何か困っているだろう、手助けをしたほうがいいだろう」ということに気づくか、気づかないか。想像をめぐらせる気持ちがあるかどうかの問題だけです。

観察力をつけるには経験が物を言いますが、初心者でもできることがないわけではありません。それは、「**会話**」です。

機内では、「お飲み物はいかがですか?」と言いながらカートを引いていきます。たとえば、お客さまから「ジントニックちょうだい」というリクエストを頂いたとしましょう。ジントニックは、氷を入れたグラスにジンを入れ、そこにトニックウォーターを注いでからレモンを入れて完成です。その間、いくばくかの時間がかかります。

そのほんの少しの時間に、会話をするのです。

相手を見ながら話を振ると、さまざまな情報を引き出すことができます。

「いつもご搭乗ありがとうございます。今日もお仕事でいらっしゃいますね？」

「大事な契約を結ぶ出張でね。明日に備えて、1杯飲んだらすぐ寝ることにするよ」

「今日はお二人でご旅行でいらっしゃいますか？」

「今日は25周年の結婚記念日なのよ。それで二人で沖縄に行くんです。旅行に連れて行ってもらうなんて、何年ぶりかしら？」

ご夫婦連れの奥さまが、うれしそうにそうおっしゃっています。そうした情報を引き出せたらメモしておいて、サービスが終わってからチーフパーサーに報告します。

「18Cのお客さまは、到着後、すぐにお仕事のようです。ゆっくりお休みいただけるように配慮したいと思います」

そう言ってほかのCAとも情報を共有し、なるべく静かな客室づくりを心がけます。

「21HKのお客さまは、結婚記念日のご旅行だそうです。何かプレゼントさせていただいてもよろしいでしょうか?」

機内に、プレゼント用の高価な品物は積み込んでいません。そこで、無料でお配りするおつまみや、お客さまに自由にお取りいただけるクッキーやチョコレートなどを機内販売用の包装紙でラッピングし、お祝いのメッセージカードを添えてお渡しします。それだけでも、本当に喜んでいただけます。

こうしたプレゼントのアレンジは、まだ何も知らない新人には難しいかもしれません。最後の**「判断と行動」は、さまざまな経験を積んでいきながら、自分の中の引き出しを増やすことによってできるもの**なのです。

❀相手から求められて動くのは「対応」、こちらから働きかけるのが「心づかい」

同じCAでも経験を積んでくると、2種類の人間に分かれていきます。

一方は、積極的にお客さまと会話し、観察し、心づかいをしようと考える人です。もう一方は、会話や観察を面倒くさがり、ギャレーの中にこもっていたほうが楽と考える人です。

後者の人たちは、お客さまから呼ばれて初めて、「何か御用でしょうか？」と足を運びます。すべてとは言いませんが、外国のエアラインにはこうした傾向があります。

そうではなく、こちらからアンテナを張り、お客さまと会話をする機会を持ったり、観察するために機内を歩くことによって、心づかいを発揮するチャンスを持つことができます。

お客さまに呼ばれてから行くのは一人前ではありません。**呼ばれる前に気づくことができるかどうかが大きなポイントになるのです。**

私は、お客さまに呼ばれる前に相手の望みを先に察知して動くのが心づかいだと思っていましたし、後輩にもそのように伝えてきました。

相手から求められて動くのは「対応」です。
こちらから働きかけるのが「心づかい」なのです。

これは、ビジネスシーンでも同じことが言えます。

お客さまの要望に応えることは誰にでもできます。でも、「こういうものが欲しいんだよ」と希望を言われるまでそれに気づかないのは、心づかいができていない証拠です。

お客さまが望んでいることを察知し、こちらから先に「あなたのご要望はこういったことですね？」とさりげなく提案することができるかどうか——このように相手に寄り添うことが差別化につながるのです。

ワンスモールステップ

ほんの少しの間でも会話をしてみて、情報を引き出す

ルール5 「ほめる風土」の醸成からはじめる

あなたに部下がいる場合、部下のことをほめていますか？　それも**上司としての「心づかい」**の1つです。

CA時代、私たちは「褒《ほ》める風土の醸成」という標語を掲げて実践していました。これは、ビジネスの現場でも絶対に必要なことだと思います。

「先日のフライトで、小林さんがお客さまからこういうコメントをいただきました。彼女の心づかいがお客さまの心を動かし、喜ばれたのです」

ミーティングでは、お客さまからほめられた内容を、具体的にみんなに紹介するようにしていました。新人やまだ経験の浅いCAにとっては、それを聞くことで学びになります。

「そういうことがお客さまに喜ばれるんだ」

具体的な事例を聞くことで、心づかいの引き出しが増えていくのです。

みんなの前で成功事例を具体的に紹介することは、全員の勉強になるだけではありません。ある人のすばらしいところ、行動を具体的にほめるようにすると、それはとても意味のあることになります。

たとえば、私がミーティングでこう言ったとします。

「今日のエコノミークラスのサービスは、ほんとうに良かったですね」

たしかに、これもほめ言葉です。でも、みなさんがＣＡだったとして、どのように感じられるでしょうか？

「ほめられたような気がするけど、どこがどう良かったのだろう……？」

こんな思いになるのではないでしょうか？　これでは、次につながりません。

ほめるときは、全体のことを漠然と言うのではなく、**誰の行動の、どこが良かったのかを、具体的に言及することが心づかいの第一歩です。**

たとえば、こんなふうに言われたとしたら、みなさんはどう感じるでしょうか？

「今日のエコノミークラスについては、担当した高橋さんの機転により、とても良いサービスが行われたと思います。真夜中にシンガポールを出発して、早朝に成田に到着する今日のような便では、そのままお仕事に向かわれるお客さまも多くいらっしゃいます。

そういったことを配慮して、離陸後すぐに軽食サービスと免税品の販売を同時並行で行い、1時間半ですべてを終えて機内を暗くすることができました。また、成田到着前の朝食サービスについても、とても手際よく的確な指示を出しながら行っていました。

お客さまにとっては、ゆっくりお休みいただける時間が増えて、快適なフライトをご提供できたと思います。こうした機転を利かせるのはすばらしいですね」

いかがでしょうか？　誰の、どういう点が良かったのか、具体的にほめていますね。

ここのポイントとしては、本人が「強み」だと思っていることについて、さらにその部分にフォーカスを当てて具体的にほめているということです。

このケースの高橋さんは、つねにお客さまの心情を察することを心がけているCAでした。そうした本人の強みを知るには、よく話さなければわかりませんし、彼女の行動もよく観察しなければわかりません。

つまり、「ルール4」でご紹介した**「観察することの大切さ」は、お客さまや取引先など社外の相手だけではなく、社内で一緒に働く部下や仲間に対しても同じ**なのです。

❖みんなの前でほめる

上司や先輩から、1対1の場面でほめられてもうれしく感じるものですが、同じことを**みんなの前で言ってあげると、効果は倍増します**。これも、心づかいの大事な原則です。

たとえば、会議の場で、上司がこんなことを言ってくれたらどうでしょう。

「今回のプレゼンについては、伊藤さんがこういうことをしてくれて、これがお客さまの心に刺さったから、成功につながったのだと思います」

あるいは、上司がお客さまに自分を紹介してくれるとき、こんなことを言ってくれたら、どのように感じるでしょうか？

「僕の右腕としてがんばってくれている田中です」

「彼の誠実で丁寧な仕事ぶりで、私はいつも助けられているんですよ」

「上司は私のことを、こんなふうに評価していてくれたんだ！」と、間違いなく、喜びの気持ちで満たされるでしょう。

上司として部下をマネジメントするとき、彼らのモチベーションを高めることは絶対に必要です。それができるのは、リーダーとして必要最低限の資質だと思います。

自分のことをよく見ていてくれて、認めてくれて、それを具体的な言葉でほめてくれる——そんな上司のもとで働く部下は、もっと仕事をがんばろうと思うことでしょう。

❖効果的にほめるためにも、やはり観察が欠かせない

とはいえ、ただほめ言葉を並べればいいというわけではありません。

ほめ言葉のつもりが、その人が弱みと思っている部分だったら、どう思うでしょうか？

「彼のミスがない仕事ぶりで、僕はいつも助けられているんですよ」

その人が、いくら気をつけても自分の仕事は少しルーズになってしまうと、少しコンプレックスに感じているのに、そのような言葉で表現されたりしたら、受け取る部下は何か嫌味を言われているのではないかと警戒するかもしれません。

その人の強みをほめるにも、やはり観察力が必要であり、気づきが必要なのです。自分が普段努力していること、普段ここだけは誰にも負けないと自負しているところをほめてもらえば、そのほめ言葉はこの上なくうれしく思えるものです。心づかいが相手の喜びへとつながっているのです。

自分の仕事だけを一生懸命やっていると、人の仕事に目を向けることができません。もちろん、自分の仕事をまっとうするのはビジネスパーソンの最低条件ですが、周囲をよく観察し、一緒に働くメンバーの様子に目を配るのはリーダーには欠かせないことです。

部下をほめようと思ってもポイントが見つからず、とんちんかんなほめ言葉で逆にモチベーションを下げてしまう――観察を怠れば、そうした愚かな状態に陥ることになるのです。

❀ほめる風土づくりは、小さな一歩から

もう少し、身近な場面でほめることからはじめるのも効果的です。

頼んだ資料を持ってきた部下に対して、目を見ることもなく、ただ「うん」とうなずくだけの上司はいないでしょうか？

こういう人には、部下へのほめ方によって、モチベーションがどれだけ高まるかということを、ぜひ知っておいていただきたいと思います。

「斉藤さん、ありがとう」

「山本くんは、きれいな字だね」

その一言を、しっかりと相手の目を見て言うだけでも、相手は喜ぶものです。**アイコン**

タクトには、言葉でほめることと同様の効果があります。

もう1つ大切なのが、「**バイネーム（by name）の効果**」です。

ここまでの会話の例に、私がすべて「相手の名前」を入れてきたことに気づかれたでしょうか？

相手をほめるときも挨拶するときも、「相手の名前」を言うことはとても大切です。そのことを「バイネームの効果」と呼んでいます。

たとえば、大勢の立食パーティーの会場で、以前おつき合いのあったお客さま（それほど親しい間柄ではないとします）にお会いしたとしましょう。

「どうも、ご無沙汰しております」

おそらく、こんな挨拶が一般的だと思います。しかし、こう言ったらどうでしょうか？

「渡辺さん、ご無沙汰しております」

この人は、僕のことをちゃんと覚えていてくれた。僕のことを特別に思ってくれている

――そう感じませんか？　対応は同じでも、名前で呼ばれるか否かによって、相手の感じ方はまったく異なるものになるのです。

これは、会社における上司と部下の関係にもいえます。**部下は名前を呼ばれることで、自分が承認されていることを実感できる**のです。

ほめる風土づくりは、その人の強みをみんなの前で具体的に言ってあげること、そしてそのとき、相手の名前を言ってあげることがポイントです。

そうすれば、その人は嬉々として仕事に打ち込み、さらに優秀な人材に成長してくれるに違いありません。優秀な人材の育成は、上司であるみなさんの裁量に大きくかかわっているのです。

ワンスモールステップ

部下の名前を呼んで、具体的なことを、みんなの前でほめる

ルール6　心づかいの表し方は一律ではない

最近は、海外でも「お辞儀」が認知されるようになってきました。
サッカーの長友佑都選手が、イタリアのセリエAで初得点を上げたときに、チームメートに「お辞儀パフォーマンス」をしたことで、お辞儀特集の記事が雑誌に書かれたり、テレビで紹介されたりして、イタリアでは「お辞儀」がとても有名になりました。

その記事には、15、30、45度と角度によってお辞儀の意味が違ってくることや、日本の礼儀に対するとらえ方まで紹介され、今ではほとんどのイタリア人がお辞儀とその意味を知っているといわれています。そして、長友選手の礼儀正しさ、相手を立てる姿勢を通じて、日本の文化に「敬意」を表すようになっているそうです。

とはいえ、日本人が日常の挨拶として使うお辞儀は、まだまだ国際的にはなじみのない文化です。国によっては、お辞儀は「屈服」の姿勢を示すものとして忌み嫌われています。

そもそも日本のお辞儀は、武士が主君の前で土下座をするように、急所である頭頂部を見せることで、相手に対する服従や敵意がないことを示すものです。その趣旨にのっとれば、しっかりと頭を下げ、同時に目を伏せるのが基本です。

日本人にとって、このお辞儀はとても大切な心づかいの表現方法です。日本の長い歴史のなかで培われてきたお辞儀という文化は、私たち自身が大切にするべきなのはもちろん、子どもたちや子孫に受け継いでいく義務があると思います。

「同時礼」ではなく「分離礼」で心づかいを表す

そういったお辞儀を子どもたちに伝えていく際に、私が大切にしているのが挨拶するときの「かたち」です。相手に対する心づかいとして、**お辞儀をする際には「同時礼」ではなく「分離礼」で行ってほしい**と話しています。

たとえば、「よろしくお願いいたします」と挨拶をするとしましょう。同時礼は言葉を発すると同時に頭を下げる方法です。多くの日本人は、この方法で挨拶をしていると思います。

頭を下げて挨拶をしているのですから、これはこれで立派な心づかいです。

しかし、頭を下げながら言葉を発するこの方法では、せっかく発した言葉が床のほうへ向かってしまい、聞き取りにくくなってしまいます。

それを「分離礼」で行ったらどうなるでしょう。

まずは、相手の目を見ながら「よろしくお願いいたします」と伝え、その後に頭を下げる方法です。こうすれば、言葉が床のほうに向かってしまうことなく、しっかり相手に伝わるので、より丁寧な挨拶になります。

お願いごとをするときや、就職活動の面接のときなどは、ぜひこの分離礼で挨拶してください。相手に対する心づかいが、しっかりと伝わると思います。

「分離礼」が心づかいになる理由がもう1つあります。

健常者の場合、同時礼でも言葉を聞き取ることができます。しかし、聴覚に障害のある方々にとっては、お辞儀をしながら挨拶をする同時礼では、言葉を「読む」糸口が断たれてしまいます。

読唇術、つまり相手の唇の動きを見て、言葉を理解しようとするからです。

あるフライトのとき、たまたま聴覚に障害のある高校生の一団が修学旅行で搭乗されました。離陸後、私は挨拶をするために彼らの席に行きました。

「本日も、ご搭乗ありがとうございます。チーフパーサーの江上いずみと申します。どうぞごゆっくりおくつろぎください」

手を前で重ね、直立の姿勢でそうお伝えしてから、深々と頭を下げました。しばらくして、引率の先生から感謝の言葉をいただいたのです。

「彼らは、みなさんの唇の動きを読んで言葉を理解しています。江上さんのように、目を合わせてゆっくり話していただくと、本当に助かります。耳に障害のある人は、唇の動きを見て相手の方の名前を知りたいのに、普段はお辞儀をしながら挨拶をされる方が多いので、なかなかそれができなかったのです」

分離礼は、丁寧な挨拶というだけではありません。**聴覚に障害のある人たちに対して心づかいを示す**、とても大切な方法でもあるのです。

分離礼は、視覚障害を持つ人にも心づかいを示せる方法でもあります。

視覚障害がある人は、音だけが頼りです。同時礼で言葉が下方へ向かってしまうと、聞き取るのが難しくなってしまいます。その点、分離礼にすれば言葉は相手にまっすぐに伝わります。

視覚障害を持つ人たちに関しては、挨拶の言葉のトーンも重要です。平板な声で挨拶するのと、アクセントの強弱や抑揚などで、まるで笑顔で話しているように聞こえる言葉で挨拶するのとでは、印象はまったく違います。私はそのような声を「笑声」と呼んでいます。

先日、視覚特別支援学校の生徒のみなさんに講演をした際に、第一印象はとても大切だという話をしました。

健常者の方々に対して講演をするときは、「**表情**、**態度**、**身だしなみ**、**言葉づかい**、**挨拶**」が第一印象を高める5原則だと言っています。果たして、視覚に障害のある方々にそれをどのようにお伝えすればよいか、講演前は正直、不安もありました。

しかし、「明るい声で挨拶をすること」、つまり「笑声で挨拶をすることが大切です。それによっておもてなしの心が相手に伝わります」と話したところ、生徒のみなさんは「それなら私たちにもできる！」と、とても喜んでくださいました。

「声のトーンだけで、相手の気持ちを明るくさせることができるんだ」

そう言って喜んでくれている彼らの笑顔を見て、私自身もあらためて「笑声」の大切さに気づいた出来事でした。

やはり、心づかいの表し方は一律ではないと痛切に感じています。

握手にもルール・マナーがある

日本人のお辞儀に対して、欧米の方々の挨拶はハグや握手が主流です。

しかし、日本人にとって「ハグ」は、まだまだなじみにくい挨拶の方法といえます。2020年オリンピック・パラリンピックの招致に向けて、日本の招致委員のみなさんはハグをして親しみを表現したといわれましたが、やはり一般的には日本人が「ハグをして挨拶する」というのは難しいことかと思います。

そうなると、日本人でもできるグローバルな挨拶は、やはり「握手」でしょう。

握手は、「あなたに対する敵意はありません」「手に武器を持っていません」ということを示し、お互いの絆と信頼を深めるという意味があります。

その握手にも、しっかりとしたマナーとルールがあります。


基本的に、握手は右手で行います。

左手は「不浄の手」と言われているので、左手を差し出すと「あなたを嫌っている」という意味になってしまいます。たとえ左利きの人でも、握手は右手でするのがルールです。選挙活動のときなどによく見る「両手」での握手も、同じ理由で好ましいとはいえません。握手は右手だけで、しっかりと相手の手を握って行ってほしいと思います。

もう1つ、日本人がよくやってしまうのが、お辞儀をしながら握手をしてしまうことです。

西洋では、相手の目を見て直立し、緊張している状態が友好の姿勢を示すとされています。ですから、頭を下げながら握手をしてしまうと、アイコンタクトができないので、外国人から見れば奇妙な挨拶に映ってしまうのです。

✿相手によって、心づかいの表し方は変わるもの

握手のルールは、「頭を下げずに」「右手だけで」、相手の手を握ること。ここまではすぐに理解していただけたと思いますが、異文化コミュニケーション、国際理解教育という視点から握手について見るとどうなるでしょうか。

日本では、生徒から先生に、学生から教授に、部下から上司に、目下の者から目上の方に挨拶をするのが一般的ですが、ハグや握手は相手の身体に手を触れることです。したがって、それをするかしないかを決めるのは目上の人、上位者ということになります。つまり、目上の方や上司から手を出すのが先、ということになります。

さらに欧米はレディファーストの文化ですから、女性が手を出すまでは男性からは出さないのもマナーといえます。

原則としてはそうなりますが、ただ、来日した外国人に対して、「ようこそ日本にお越

しくださいました」という歓迎の気持ちを込めて、たとえ相手がご年配の方であっても、こちらから手を差し出すことはまったく問題ないと私は思っています。

おもてなしの心の表し方には、決まった形があるわけではありません。相手がどういう人なのか、相手が何を欲しているかを察知することで、変わってくるものです。

そんな細かいところまで配慮することが、心づかいの極意なのです。

ワンスモールステップ

お辞儀をするときは、より丁寧な「分離礼」をする

ルール7　誰かの一番が、ほかの誰かの一番とは限らない

私は、大学を卒業してから30年間にわたって日本航空のCAを務めました。その大半は国際線の乗務で、ほんとうにさまざまな国の人と接してきました。

国籍や性別の違いだけでなく、言語、宗教、習慣、食文化、国民性の違い、年齢や職業や障害の有無なども含めた多様性を身をもって実感してきたのです。機内という閉鎖的な空間で、多様な価値観を持つ人々と相対していくことは、時としてとても難しく感じることがあったのも事実です。

たとえば、宗教による違いです。

イスラム教には、食事に関する制限が多くあります。また、一定の時間になると、メッカのある方角へ向かってお祈りを捧げなければなりません。その敬虔度は非常に高く、機内にいるときでも変わりません。

「西はどちらですか？」

よく、そんな質問を受けました。そんなときは、飛行中の航空機の向きから西の方角を割り出して伝えると、彼らは機内のちょっとしたスペースにひざまずいてお祈りを始めるのです。

宗教によってさまざまな考え方があり、しきたりも違います。彼らはお祈りの時間をとても大切にしていることが伝わってくるので、いくら航空機の中とはいえ、お祈りを実現させてあげたいと思いました。

しかし、お祈りの時間に彼らは、お祈りの言葉をつぶやきます。そのつぶやきが、機内の時間を静かに過ごしたい人たちにとっては、耳障りに感じられてしまいます。

「静かに眠りたいのに、これじゃあ寝られない。何とかしてほしい」

イスラム教徒にとっては、機内でお祈りをさせてくれるという心づかいがありがたいことであっても、イスラム教徒以外の人にとっては、その行為のためにゆっくりお休みになれないこともあるのです。

誰かの一番が、ほかの誰かの一番とは限らない。

これは、心づかいを行ううえで避けては通れないことです。心づかいをしようとしたのに、かえってほかの誰かに迷惑をかけてしまったという事態に遭遇しない人はいません。

それほど難しいテーマなのです。

心づかいにたった1つの正解があるわけではない

同じようなことは、機内だけにとどまりません。

たとえば、視覚障害のある方にとって、点字ブロックは外出するときの「命綱」のような存在です。でも、車椅子の方にとっては、デコボコの道は大敵です。

視覚に障害のある人のために、音の鳴る信号機の設置が進んでいます。しかし、夜9時以降は、音を鳴らないようにしているところが増えていると聞きます。

視覚障害の方にとっては便利な信号機も、その近所に住む人からすると、その音は「騒音」に感じられてしまうのです。

また、機内の狭いトイレは、視覚障害のある人にとっては便利な空間です。周囲に手を伸ばしたときに、すべてのものに手が届くからです。

その一方で、車椅子の人にとっては、機内の狭いトイレは非常に不便なのです。

この例からも、「誰かの一番がほかの誰かの一番とは限らない」ということがわかります。

どちらがいいのか、頭で考えても答えは出ません。

だからといって、その課題に向き合わないわけにはいきません。

その場面では、何がベストなのか――こう考え続けることが心づかいの基本原則です。

心づかいには、たった1つの正解があるわけではないのですから。

ワンスモールステップ

つねに、「このやり方がベストなのか？」と自分に問いかける

第2章

おもてなし達人の「心づかい」30の習慣

習慣1　何かを手渡しするときは、「目↓物↓目」

ここからは、「心づかい30の習慣」と題して、具体的なスキルの話に入っていきます。ぜひ、「これならできそう！」と思われたところから試していただきたいと思います。

「ルール6」でもお話ししたように、「第一印象を高めるための5原則」というものがあります。

1　表情
2　態度
3　身だしなみ
4　言葉づかい
5　挨拶

日本航空でも、これを「接客の5原則」と呼び、接客をするうえで大切な基本事項であると入社時から指導しています。

視覚からくる第一印象が「**表情**」「**態度**」「**身だしなみ**」。そして、聴覚からくる第一印象が「**言葉づかい**」と「**挨拶**」です。

まず視覚からくる第一印象は、たった3秒から5秒で決まり、相手と言葉を交わして受ける聴覚からくる第一印象は、わずか10秒から15秒で決まってしまいます。

一度、相手に悪い印象を与えてしまうと、それを覆すには2倍から3倍の時間がかかるといわれていますから、いかに第一印象が大切かがわかります。

搭乗していらしたお客さまをお迎えするとき、担当CAがどのような表情と声で、

「ご搭乗ありがとうございます」

と迎えるか、そのお迎えの瞬間だけで、その日のお客さまの楽しさが決まるとよく言われます。

お客さまにとっての心地よさは、お迎えの瞬間のみならず、離陸後のサービス時における担当CAの表情や態度によっても大きく左右されます。

ですから新人訓練のときには、5原則の最初の2つ、「表情」と「態度」についての指導を徹底的に行います。

「表情」といえば、もちろん「笑顔」。特に、**目と口角がポイント**になります。

制服を着こなし、きちんと分離礼でご挨拶したとしても、そのCAにまったく笑顔がなかったら、それだけでとても印象は悪くなるでしょう。

CAに限らず、ビジネスの場においても、上司が、あるいは部下が「笑顔」でいるだけで、周囲の人たちを幸せな気持ちにすることは変わりません。

たとえ素敵なスーツを着ていなくても、綺麗なドレスを着ていなくても、あなたが笑顔でいるだけで周囲をなごませることができる——その笑顔の大切さを表す標語が「**笑顔は1円もかからないおしゃれ**」です。

もし、いつも苦虫をかみつぶしたような表情でデスクに座っているなあ……と自覚なさっている方がいらしたら、少し口角を意識して上げてもらうだけで、周囲にやわらかい雰囲気が漂うと思うのです。

「目切り」はゆっくりと、笑顔は最低でも3秒間！

笑顔を生かした接客のしかた、物を提供するときのサービス方法をCAには徹底的に指導していますが、そのときの**「合い言葉」**が、**「目↓物↓目」**です。

たとえば、お客さまにコーヒーをお渡しするとき、まずは「お待たせいたしました。コーヒーをお持ちいたしました」と言いながら、お客さまの「目」を見ます。

テーブルに書類やパソコンを広げているお客さまにお渡しするときは、コーヒーをしっかり受け取っていただいたことを確認するため、コーヒー、つまり提供する「物」を見ます。

そして、お渡しできたことを確認したら手を離して、「どうぞ、ごゆっくりおくつろぎください」と言いながら、もう一度お客さまの「目」を見るのです。

特に、**最後の「目」のときに、お客さまから目を離す「目切り」を早くしてはいけませ**

ん。お客さまが物を受け取ることに集中していて、まだCAの目を見ていないことがあるからです。

お客さまが飲み物をしっかりと受け取ってからCAの目を見たとき、すでにCAが真顔に戻っていたらどう思われるでしょうか？

「CAが振り向いた瞬間に真顔になっていた」と、これもお客さまの不満につながるのです。

目切りを早くすることなく、ニコッと笑って、「ごゆっくりおくつろぎください」——これが心づかいを発揮した物の渡し方になります。

サービスのとき、お客さまに向けた目は笑っていたのに、サービスの提供が終わったらすぐに真顔に戻ってしまう——そんな人に、どんなに心づかいの言葉や態度を並べられたとしても、その笑顔や態度は、一瞬のうちに「つくりもの」だと見破られてしまいます。

仮に、すぐに真顔に戻った表情を、サービスを提供したお客さまに気づかれなかったとしましょう。でも、**周囲のお客さまは必ずそれを見ています。**

お客さまに、「今日のCAさんはいい感じの人だな」という印象を持っていただいていたとしても、ほかの人に対する接客態度を見て、ガッカリされるということはあってはなりません。

この「目↓物↓目」は、CAの世界だけの合い言葉ではありません。ビジネスにおいても、名刺を交換するとき、取引先に書類やサンプルを渡すとき、あるいは、就職面接でエントリーシートを渡すときでも、相手の「目」を見て挨拶をし、「物」をしっかり手渡したあと、もう一度相手の「目」を見て「よろしくお願いいたします」という言葉を添える――この一連の「目↓物↓目」の動きを、ビジネスの場面でも大いに活用していただきたいと思います。

お客さまは相手の表情を読み取るプロ

CAのちょっとした表情はお客さまにすぐに伝わります。

たとえば、機内を巡回中、一人のお客さまからコーヒーのオーダーを承ったとします。

そういったときCAは、そのオーダーだけを受けるのではなく、必ず隣にいらっしゃるお客さまの様子もうかがい、

「何かお飲み物をお持ちいたしましょうか？」

と声をかけるよう指導しています。


「はい。私もお願いします」

と言っていただければ、コーヒーを2杯ご用意すればよいわけですが、

「いえ、今は結構です」

そう答えられれば、ご注文されたお客さまのコーヒーだけをご用意して、お持ちします。

ところが、
「お待たせいたしました。コーヒーをお持ちいたしました」
とご注文されたお客さまのコーヒーをお持ちしたら、匂いに誘われたのでしょうか、お聞きしたときには「いらない」とおっしゃっていた隣のお客さまが、急に
「やっぱり、私にもコーヒーください」

とおっしゃるケースはよくあるものです。

みなさんも、人が飲んでいたり食べていたりするものを見て、急に自分も欲しくなったという経験があるのではないでしょうか。


問題は、そのときのCAの態度です。

そこで、「えっ?」という表情をしては絶対にいけません。

「だから、さっき『お飲み物をお持ちしましょうか?』って聞いたのに、そのとき一緒に言ってくれればよかったのに!」

そんな感情が、「えっ?」という言葉と表情に表れてしまいます。

もちろん、実際に口に出して言ったわけではありません。しかし、お客さまはこの「CAの笑顔の裏の不快な表情」を敏感に察知してしまうものです。少しでもCAがそういう表情をしたと映ると、「CAに嫌な顔をされた」というクレームにつながることがあるのです。


人間ですから、「えっ?」と思ってしまうのは、しかたがないのかもしれません。せっかく心づかいのアンテナを張って聞いたのに、「いらない」と言ったのはあなたではないですか、と。

でも、それを表情に出してはいけません。口にしてもいけません。

思うのはしかたがないと言いましたが、実は**頭で考えたことは簡単に表情に出てしまうものです。**感情をコントロールできないのであれば、やはり笑顔で「はい、かしこまりました」と言うべきでしょう。

人間は意に反したことが起きると、どうしても顔に出てしまうものです。でも、**そこをぐっと抑えて、表情には出さない――それがビジネスパーソンとしてのプロ**といえます。

ワンスモールステップ

物を渡すときは、相手の目を見て、物をしっかり手渡したあと、
もう一度相手の目を見る

習慣2　なるべく多くのお客さまと話をする

新入社員に向けた自己啓発書に、こんなことが書いてありました。

「社内の人と飲みに行くな」

「ランチは、社内の別の部署の人と行きなさい」

もちろん、毎日そんなことはできないでしょう。でも、せめて週に一度くらいは、そういう時間を設定し、漫然と食べたり飲んだりするのではなく、会話をすることによって何かを得てきなさい、ということだと思います。

CAの世界も、それに通ずるところがあります。ビジネスパーソンとは違って、あくまでも機内ということになりますが、「**なるべく多くのお客さまと会話をしなさい**」と指導しています。

離陸して最初のサービスと2回目のサービスの間を「アイドルタイム」といいます。CAが交替で休憩を取る時間になりますが、休憩するCA以外の人、つまりサービスに当たるCAがどのように時間を過ごすかは、そのCAの考え方ひとつでかなり違ってきます。

温かいお茶や冷たいジュースを持って客室を回りながら、気分がすぐれないお客さまはいないか、何かお困りのお客さまはいないか、とアンテナを張って巡回するのが基本です。

でも、ギャレー内でボーッとしていたり、会社で回ってきた資料やマニュアルを見たりしていても誰も咎めたりはしません。

でも、そういったアイドルタイムこそ、そのCAが伸びるチャンスなのです。

最初のサービスで多くのお客さまに相対しているときに、

「あ、このお客さまは個人画面で映画やゲームを楽しみたいと思っていらっしゃるな」

「あ、このお客さまはCAとの会話を楽しみにしていらっしゃるな」

とさまざまな印象をキャッチできます。

後者のようなことを感じたときは、アイドルタイムのときにそのお客さまのところへ行き、「スポットカンバセーション」（即興の会話）をすることが、そのCAの資質を高める重要なことだと考えています。

それは、**お客さまの話をお聞きすることで、自分の教養を高めたり、お客さまがどのようなことを望んでおられるのかを知ることができるから**です。それは、心づかいをするための「引き出し」を増やすことにつながります。

ビジネスパーソンの場合、自分と同じ職場の人ばかりと行動していたら、話の幅は広がっていきません。もちろん、そこでも学ぶことはありますが、それは社内の、それもたった1つの部署でしか通用しない話にすぎません。

しかし、社外の人と交流することで、社外の理論を学ぶことができます。それは、確実に「お客さま目線」につながります。

CAも同じです。先輩CAに教わることは勉強にはなりますが、それだけではお客さま目線を養ううえでは不十分です。**実際にお客さまとお話しすることから得るものは、確実に心づかいの幅を広げ、引き出しを多くしてくれるはずなのです。**

❀心づかいは、相手を知ることからはじまる

私は日本航空のＣＡとして勤務してきましたが、日本にも多くの航空会社があり、そのサービスポリシーはそれぞれの会社で違います。

たとえば、日本航空は格式高く丁寧なサービスを提供しますが、ＬＣＣ（格安航空会社）のある会社は愛嬌と親しみやすさを提供しようとしています。

お客さまをお迎えするとき、日本航空は「いらっしゃいませ」と言ってから丁寧にお辞儀をする「分離礼」を挨拶の基本としています。一方、そのＬＣＣでは愛嬌や親しみやすさをアピールするお迎えの仕方を、自分で工夫しながら実行しているそうです。

このように、会社によって大切に思っていること、アピールしたいことはさまざまで、日本航空のサービスがすべてというわけではないのです。

そもそも、お客さまがＣＡに求めていることもいろいろです。格式のある高級感あふれるサービスを求めるお客さまもいらっしゃれば、庶民的な親しみのあるサービスを望むお

客さまもいらっしゃるでしょう。

まずは、その違いを知ることが重要です。**同業他社間のサービスの違い、お客さまが求めるサービスの違い、そうしたことをすべて知ったうえで、自分なりの心づかいをすることが大切です。**

自分のことしか知らなければ、自分が行っている心づかいに誇りを持つこともできません。自分の心づかいに誇りを持つことができれば、お客さまが何を望まれているかをさらに知りたいと思うモチベーションにもつながっていくと思います。

「ルール4」でもお話ししたように、「観察、状況認識、想像」はすべて、相手のことを知ることからはじまります。つまり、**お客さまが何を求めているかを知ることから、心づかいははじまるのです。**

お客さまのことは、机に座って学んでもわかりません。**お客さまと直接、会話を重ねていくことでしか、実際のところはわからないのです。**

ワンスモールステップ

週に1回は、ほかの部署の人と食事をする

習慣3　クレームには「愛の栗ようかん」で対応する

交通事故を起こしてしまったとき、どちらかに一方的な非がある場合はともかく、そうでない場合は「絶対に謝るな」という鉄則があると聞きます。双方の損害保険会社が話し合って負担割合を決めるので、謝罪してしまうと交渉に不利に働くからだといいます。

ビジネスでも、さまざまな場面でお客さまからのクレームが入ることがあります。それも、本当にこちらが何らかのミスをした結果としてのクレームと、こちらからすれば身に覚えのないまったく理不尽なクレームとがあります。

謝罪をするか否かの問題は残りますが、いずれにしてもクレームを放置しておくことはできません。しかし、対応するときの態度としては、交通事故のケースのように「謝ったら負け」という姿勢は、私はちょっと違うのではないかと思っています。

当然のことながら、理不尽なクレームに対して謝罪の言葉を口にすることはできません。

とはいえ、理不尽なのかこちらが本当に悪いのかはともかく、**お客さまが不快な思いをしているのは事実です。**そのため、クレームを処理する場を設けなければならない事態を招いたことに対するお詫びは伝えるべきでしょう。

そのうえで、相手のクレームの中身を聞いていくことになりますが、**完全な言いがかりだったとしても、相手に恥をかかせないように事を収めるというのが心づかいの基本原則です。**

✽まず、「相手の話を聞く」のがファーストステップ

「恥をかかせない」というのは、言下に否定しないということです。**まずは、相手の話を聞くことがファーストステップになります。**

では、具体的にはどうすればいいのでしょうか？

クレーム対応にマニュアルはありません。正直、ケースバイケースとしか言いようがないのですが、そのときに使えるフレーズとして、「**愛の栗ようかん**」という言葉をご紹介したいと思います。

「愛の栗ようかん」というのは、次のような意味を持っています。

「あい」＝あいづち
「くり」＝繰り返し
「よう」＝要約
「かん」＝共感

理不尽なクレームをつけてくる人は、おそらく何かを言いたいだけです。吐き出せば収まるという面があります。
まずは、すべてを吐き出していただくために、この4つの姿勢で話を聞いていくのです。

①　あいづち

黙って聞かれていると、話しているほうは本当に聞いているのか不安になるものです。「**あなたの話をしっかり聞いていますよ」という態度を伝えるために、適度なタイミングであ**

いづちを打ちます。ただ、言葉は選ぶ必要があります。

「ああ、はいはい」「なるほど」、そんないい加減なあいづちを打ってしまうと、火に油を注ぐようなものです。

「そうですか」「それは大変でしたね」と、誠意を感じさせる一方で、あくまでも同意とは受け取られないよう工夫します。

② 繰り返し

繰り返し（復唱）も、**相手に話を聞いていることをアピールする手法です。**

話の途中で、「お客さまは、こういうことで大変な思いをされたのですね」などと確認していくのです。ただし、相手が言い終わらないうちに、話を遮るようなタイミングで復唱することは避けなければなりません。

③ 要約

要約は、話があちこちに飛んで収拾がつかなくなったときに、お客さまの話を整理する

ために使います。話の要点を絞るうえでも必要な作業です。

ただ、間違っても「要するに、あなたが言いたいのはこういうことですね」と勝手にまとめてしまうのはＮＧです。相手をさらに怒らせてしまうことになりかねないからです。

④　共感

そして**最後に、「ご不快な思いをさせてしまいました」と相手の話に共感します。**

謝罪をしなくても、「あいづち、繰り返し、要約、共感」、つまり「愛の栗ようかん」が、相手の怒りを静めることになるのです。

ワンスモールステップ

クレームを受けたら、まず「相手の話をよく聞く」のが先

習慣4　話を「きく」ときの態度で心づかいを示す

相手の話を「きく」とき、どのような態度で臨むか。それによって、相手が受ける印象は大きく異なるものです。相手に気持ちよく話してもらう心づかいとして、私たちはどのような態度を取るべきなのでしょうか？

まず、人が話を「きく」ときの状態には、３つのものがあります。

・聞く（hear）……自然に聞こえてくる、受動的に聞こえてくる状態です。スーパーマーケットの売り場にＢＧＭが流れていますが、その音楽を聴こうと思っているわけではないのに、自然に耳に入ってくるような状態を表します。

・聴く（listen）……傾聴する、能動的に耳を傾ける状態です。ヘッドフォンを使ったりして、好きな音楽を聴こうとする態度を指します。

・訊く（ask）……尋問する、何かを質問しながら相手の話を引き出そうとする状態です。たとえば、「犯人に尋問する」という場合の「きく」はこれになります。

「きく」という漢字を尋ねると、みなさん、はじめの2つは比較的容易に出てくるようですが、3つ目がなかなか出てこないようです。まずは、この3つの「きく」の姿勢の違いを理解し、これらを組み合わせながら、相手の話を「きく」ことが大切です。

そのうえで、次の3種類の「きき方」の態度も理解していただきたいと思います。

① ネガティブリスニング（否定的なきき方）
② ポジティブリスニング（肯定的なきき方）
③ アクティブリスニング（積極的なきき方）

否定的に話をきく「ネガティブリスニング」は、人の話をきくときの態度としてもっとも避けなければなりません。一生懸命話をしている相手と目をまったく合わさず、あいづちを打たずに黙ったままでいたり、あるいは「ふーん」「へえ」などとあからさまに気のない素振りを見せるきき方です。このような態度できかれると、話し手は不安を覚え、時には憤りさえ感じるものです。

「ポジティブリスニング」は、相手の話に興味を持ち、相手を受け入れていることを示しながら話をきく態度です。相手がこうした態度を取ってくれると、話し手は安心するものです。

「アクティブリスニング」は、ポジティブリスニングをさらに一歩進めた態度です。視線をしっかりと合わせるだけでなく、身を乗り出すように相手の話に興味、関心があることを表現します。話の要所で的確なあいづちを打ちます。

あいづちは、言葉で反応するだけでなく、**うなずいたり身を乗り出したり、時にはのけぞったりするなどのアクションを交え、笑顔を見せたり顔をしかめたりするなど、さまざまな表情で反応します。**

さらに、相手の気持ちに共感していることを示すため、相手の言葉を自分の言葉に変換して復唱します。

「私はあなたの話をしっかりときいていますよ。そして、あなたの気持ちに寄り添っていますよ」というメッセージを相手に伝えるのが目的です。

こんな態度で話をきいてもらえると、話し手はさらに話をしたいと思うものです。逆に言えば、**アクティブリスニングによって、相手に気持ちよく話をしていただく**ことが、心づかいという意味で重要になってくるのです。

✤つねに「アクティブリスニング」で話をきく

よく、企業に依頼された研修でこんな課題を出します。

「みなさん、この前の日曜日に何をやったか思い出してください。その内容を1分間で隣の人に伝えてください」

このとき、話をきくほうには、まずネガティブリスニングの態度を取ってもらうようにします。椅子にふんぞり返って腕組み、足組みをしたり、スマホをいじったりします。相手とは目も合わさず、黙ったまま無反応。まったく興味がないような「ふーん」「へえ」といったあいづちを打ちます。

共感することなく、ききっ放しで言葉を発しない。そういう態度できいてもらうのです。

「はい。では、もう一度同じことを話してください。今度は、アクティブリスニングできいてみてください」

会場のあちこちから、相手の話に興味を持っているようなあいづちが聞こえてきます。話し手に身体を向け、しっかりと目を見て、笑顔でうなずきながら、話をきいています。一方の話をしているほうの人の表情も、先ほどとは打って変わって満面の笑みを浮かべています。


課題を終えて話をきくと、こんな感想が返ってきます。

「ネガティブリスニングできかれると、これ以上、話したくないと思った」

「ネガティブリスニングできかれると、話をしている時間が長く感じたが、アクティブリスニングできいてもらえると、あっという間に時間が経った」

「何よりも、アクティブリスニングできいてもらえると、話していて楽しいと感じた」

いかにアクティブリスニングで話をきくことが大切か。実際に話し手の立場で経験していただければ、絶対にわかります。

ふだん、上司が部下の話をネガティブリスニングできいていれば、部下はどのような気持ちになるでしょう。報告してくる看護師さんの話を目も合わさずに医師の方々がきけば、看護師さんはどのような印象を持つでしょう。

そういったことは本人はなかなか気づかないものです。しかし、**一度そのような態度で話をきかれてみると、話をしているほうがどのような気持ちになるかよくわかるはずです。**

そのことを理解できれば、スマホをいじりながら話をきいたり、黙ったままあいづちも打たず、うなずきもせず、まったく目も合わせず、ぶっきらぼうに話をきいたりしてはいけないということはすぐにわかるはずです。

そもそも人は、就職活動の面接や、お客さまとの商談のときに、ネガティブリスニングの態度を取るでしょうか。そういうときはやらないのに、自分が「上の」立場に立ったとたん、どうしてきく態度を変えてしまうのでしょうか。それは、そこに心づかいという発想がないからです。

スマホだけを悪者にしてしまいましたが、ノートパソコンも同様です。

最近は、授業でノートを取らず、ノートパソコンを持ち込んで、すさまじい音を立ててキーボードを叩く学生が増えてきました。確かに便利かもしれませんが、それは自分の都合です。そこには、話し手に配慮する心づかいの態度はまったく感じられません。

筑波大学での私の授業は「おもてなし学」です。

人の話をきく態度は相手への配慮、心づかいにつながるものであると、最初の授業で話をします。ですから、講義のメモは配布資料やノートに書くこと。スマホやパソコンを開くことは禁止にしています。

話をきくときの心づかいや配慮は、学生にもぜひ大切にしてほしいと願っています。

ワンスモールステップ

話をきくときは、話し手に身体を向け、しっかりと目を見てうなずきながらきく

習慣5　「目に見えないもの」にも心づかいを

CAは、お客さまが機内でより快適にお過ごしいただけるよう、さまざまな配慮と心づかいの工夫をします。

たとえば、夜に外国を発って成田や羽田に早朝6時台に着くような深夜便において、最も大切なサービスは「お客さまに機内でゆっくりお休みいただくこと」です。

ビジネスでお乗りになったお客さまのなかには、そのまま仕事先へ向かう方が多くいらっしゃいます。その方々が機内でお休みになれないと、翌日の仕事に差し障るわけですから、乗務員としては3つの項目にとても気を配ります。

それが「音、光、温度」です。

できるだけ「音」を立てないのも心づかい

飛行機はもともと、ゴーッというエンジン音の中で飛ぶわけですから、無音というわけにはいきません。でも、**乗務員のちょっとした心配りで、余計な「音」を出さないようにする工夫はできます。**

たとえば、飲み物や食べ物などのサービスを提供する際に活躍するカート。長年使っていると建てつけが悪くなってきて、扉がスムーズに閉まらないものもあります。

外国のエアラインでは、CAが扉を足で蹴飛ばし、勢いよく閉めるケースをよく見かけます。そうすると、機内中に「バタンッ！」という大きな音が響きわたってしまいます。

日本航空のCAは、勢いよく足で蹴るようなことは決してしません。その音が客室に漏れて、気持ちよく休んでいるお客さまの妨げになるようなことがあってはならないからです。それでも、建てつけが悪くて閉まりにくいカートがないわけではないので、そのような場合には、取っ手を回しながら、足にグッと力を込めて押し込むようにします。

また、そのカートのドアを開け閉めするためのハンドルの取り扱いについても配慮をします。

カートを使うときには、ハンドルを回してドアを開き、カートの使用が終わったら、ドアを閉めてからまたハンドルを回してロックします。そのハンドルを手から離すとき、カートのドアとぶつかって「カチン」という音がしてしまいます。

お客さまが起きていらっしゃるときであれば、気にならない程度の音です。しかし、お客さまがお休みになっているときには、この「カチン」というわずかな音が意外と客室に響くものです。

そのため、CAはサービスが終わって、お客さまにゆっくりお休みいただきたい時間になると、このハンドルにペーパーナプキンを巻きます。そうすると、ハンドルを回し終えて手を離しても、「カチン」という音がペーパーナプキンに吸収されて、客室に響くことがなくなるわけです。

これは非常に些細なことですが、お客さまの立場に立って配慮ができるかどうかという問題に直結します。わざわざ訓練所で教えるようなことではありませんが、先輩の行動を見て後輩にも受け継がれているものです。

同じ「音」という面では、ギャレー（サービスの準備をする厨房）のカーテンの音にも配慮します。

通常、カーテンの開け閉めは真ん中あたりを持って、勢いよく「シャッ」と音を立てるものです。しかし、カーテンの音とそこから起きる風圧は意外と気になるものです。

特に、お客さまがお休みになっているときは、その音をできるだけ抑えるよう、私たちはカーテンの根元、カーテンレールに手が届くぐらいの部位を持ってそっと開け閉めするようにしています。

できるだけ「光」を漏らさないための心づかい

カーテンといえばもう1つ、「光」という面があります。

キャビン（客室）の照明を落としても、CAが次のサービスのための準備をしなければならないので、ギャレーでは照明を落とすことができません。

カーテンが閉まっていれば、それほど光が漏れることはありませんが、ギャレーを出入りするときにカーテンを開けると、光が漏れて客室のお客さまにご迷惑がかかってしまいます。

そのため、機の後方から前方のギャレーに向かってきたCAは、いったん前方に回りこんでカーテンを開けることにしています。

わざわざ前方に回り込むのは面倒なものですし、行動の動線としても効率が悪くなってしまいます。しかし、**「お客さま目線」で想像することができれば、このようにほんの少し自分の動きを変えるだけで、心づかいを示すことができるのです。**

✤「室温」にも配慮できるのが心づかいのプロ

もう1つ配慮しているのが「温度」です。

機内の温度は、通常24度に設定することになっています。それがもっとも快適な温度と考えられているからです。

ところが、気温の高い沖縄から搭乗されたお客さまにとっての24度と、気温の低い札幌から搭乗されたお客さまにとっての24度は、同じ24度でもまったく体感が違います。

夏の沖縄発の便のお客さまは、タンクトップやノースリーブ、Tシャツなど薄手のものを着ています。その状況で24度に設定してしまうと、機内が非常に寒く感じられます。

逆に、冬の札幌発の便のお客さまは、インナーを着込んだうえ、厚手の上着を着ています。その状況で24度に設定してしまうと、暑くてたまりません。

そこで、夏の沖縄発の便は24度より高めに設定し、冬の札幌発の便は24度より低めに設定します。お客さまの状況を想像し、快適に過ごしていただくことを考えると、機内の温度設定も変える必要があるのです。

「ルール4」の「観察、状況認識、想像、判断、行動」でもお話ししたように、**お客さまの状況を観察することで、何が起こっているかを把握し、お客さまの気持ちを想像することで、何を望んでいらっしゃるかを認識する**――そこから、心づかいははじまります。

お客さま目線に立った観察と想像が、すべての行動を変えます。それがめぐりめぐって、音、光、温度などへの配慮となって表れてくるのです。

夏のガラガラの電車が異様なほど寒く、冬の満員電車の車内が不快なほど暑いと感じることがあります。それも、お客さま目線に立った心づかいが行われれば、少し緩和されるかもしれません。

ワンスモールステップ

お客さまが快適に思う温度にも気を配る

習慣6　「お客さま目線」に立って、行動を少し変える

前項で、できるだけ光を客室に漏らさないようにするためにCAが行っている心づかいの話をしました。客室の後方から前方のギャレーに向かってきたCAが、わざわざ前方に回りこんでカーテンを開けることにより、直接、客室に光を漏らすことなく、お客さまにより快適に過ごしていただくことができるという話です。

CAは、このように自分の動きをほんの少し変えることで、さまざまな場面で心づかいを発揮しています。

たとえば、お客さまのテーブル上にコーヒーやジュースを飲み終えた空のカップがあったとしましょう。

CAが客室後方から歩いてきてそのカップに気がついたとき、そのままの動線を考えれば、前を向いたまま後方から手を伸ばして回収するのが一番早いでしょう。

しかし、日本航空では決してそれをしないように指導しています。

一度、そのお客さまの前方に回り込み、正対してカップをお下げするのです。そのときも、もちろん「目↓物↓目」です。


まず、相手の目を見て言葉を発するわけですが、そのときも
「お下げいたします」

などというありきたりの言葉でカップを下げてはいけません。

「**お代わりはいかがですか？**」

とお客さまの目を見て、**ご希望を伺う言葉で下げる**のです。

それにより、

「やっぱりＪＡＬのコーヒーはおいしいね」

とおっしゃっていただければ、

「ありがとうございます。私どもはコーヒーに徹底的にこだわっております。香り豊かで心地よい、さわやかな酸味が魅力的なオリジナルコーヒーをお楽しみいただきたいと思っております」

などの会話につながります。

「お下げいたします」では、次の会話は生まれません。

そのペーパーカップを提供するときにも、動きに配慮をしています。ドリンクカート上のポットを手に取り、ペーパーカップにジュースやコーヒー、スープを注いだあと、お客さまに差し出す際に、必ずＪＡＬのロゴをお客さまにお見せするように差し出すのです。

これは、会社でお客さまをお迎えしてお茶やコーヒーを提供するときにも、同様の心づかいが必要になると思います。カップにワンポイントの絵柄がついていたら、それをお客さまの方に向けてお出しするということです。

そういった**「お客さま目線」に立った動きの工夫をすることにより、そのお客さまを心から歓迎しているという意思表示、心づかいになる**のです。

ワンスモールステップ

「お下げいたします」ではなく、「お代わりはいかがですか？」とお客さまのご希望を伺う

習慣7　心づかいには心づかいをもって返す

日本人は自分が尽くしたことに対する評価を求めるわりに、自分に尽くされたことには反応しない傾向があります。私も機内で、挨拶をしても返事をしてくれない日本人をたくさん見てきました。

日本人は、感謝の気持ちを表現することが苦手です。素直に「ありがとう」という言葉が言えません。

ご搭乗するお客さまに対して、

「おはようございます」

「お帰りなさいませ」

と挨拶をするＣＡに対して、まったく言葉を発することなく、黙ったまま乗ってこられる日本人のビジネスパーソンを多く見てきました。

降りるときにも、

「ありがとうございました」

「行ってらっしゃいませ」

と挨拶しても、目を合わせることもなく目的地に向かって足早に降りていかれる日本人を多く見てきました。


「快適なフライトだったよ。ありがとう」

「今日はよく眠れた。いいサービスだったね」

そんな一言をいただけると、サービスを提供した側としてはこの上ない喜びを感じ、素敵なお客さまとの出会いに感謝する気持ちが生まれるのですが、残念ながらそういった機会が多いとはいえません。


とりわけ嫌な思いをしたのが、ある女性代議士が搭乗されたときのことです。飛行時間わずか1時間ほどの国内線でしたので、離陸前にご挨拶に行きました。

「○○さま、……」

「本日もご搭乗ありがとうございます」と言葉を続けようと思ったそのとき、彼女は顔も上げずに、手の甲で追い払うように「シッ、シッ」とやったのです。

「挨拶なんかいらないわよ。あっち行って！」、そんなふうに言われたような気がして、たいへん不愉快な思いをしました。人に「追い払われた」のは、後にも先にもこの一度だけです。


もちろん、そのような冷遇を受けても笑顔は崩しません。しかし、彼女には私たちの心づかいを受け入れようという気がないと判断しました。そこで、こう言って引き下がりました。

「それでは、『何かございましたら』いつでもお申しつけください」

のちほど「習慣12」の項でもくわしくお話ししますが、この対応は心づかいの基本からは外れています。つまり、「こちらから積極的に心づかいをしようという姿勢」から、「こちらからはアクションを起こさないという姿勢」に変わったのです。

もちろん、「何か」があって呼ばれたら全力でサービスをします。それがプロというものです。

しかし、たとえどのような高い立場の人であっても、自分のところに来た人に対して、手の甲で追い払うなどということをするのは、人間として許されることではないと思います。相手に対して失礼な態度は取らない——それは心づかいの基本を語る以前の問題ではないでしょうか？

成功を収めた人は、相手への配慮ができる

高い立場にあっても、苦労を重ねて経営者になられたような方には、温かく配慮のある言葉をかけてくださる方が多くいらっしゃいます。

相手に対する配慮が大事だということをおわかりになっているので、私たちＣＡに対しても声をかけていただけるのです。行きの便であれば、こんな会話です。

「◇◇さま、本日もご搭乗ありがとうございます」
「やあ、今日もよろしくね」

こう返されただけで、この方には精いっぱいの心づかいをしようと思うものです。帰りの便であれば、こんな会話にもなります。

「◇◇さま、お帰りなさいませ」

「会議、会議で、やっとさっき終わったんだよ。ちょっと寝不足だから、最初の食事はひと眠りしてからでいいかな」

こういう会話ができれば、可能な限り、そのお客さまのご要望にお応えしようと努力するのが接客業に携わる者の心情というものです。

お食事を後にして先にお休みになるということは、離陸してベルトサインが消えるまでに寝込まれてしまう可能性が高くなります。通常、お食事のオーダーはベルトサインが消えてから行いますが、こういった方にはすぐにご要望をお伺いした方がいいだろうと判断します。

「かしこまりました。では、お食事をお取り置きしておきますので、ご希望をお聞きしてよろしいでしょうか？」

「じゃあ、和食をお願いしようかな」

そのご希望をお聞きできれば、「1のKのお客さまのために和食をキープ」とギャレーを担当するCAに伝えておくことができます。

欧米人のお客さまも同様です。

ご搭乗のお迎えをしたとき、こちらの挨拶に「ハロー」と返してくださらない人はめったにいらっしゃいません。仮に「ハロー」とおっしゃらなくても、少なくとも私たちの目を見てうなずいてくださいます。

サービスをしている最中にも、コミュニケーションが上手な外国人のお客さまとの間ではいろいろな会話が弾みます。

先にお話ししたように、**心づかいを学ぶ近道は、なるべく多くの人と話をすること**ですから、外国の方々とさまざまなお話をすることは、そのCAの見識を高めるのにとても役立ちます。

異文化コミュニケーション、国際理解教育は、現代の若者にとってとても重要な学びになります。ぜひ臆することなく、さまざまな国の方と話をして、異文化を知り、日本文化をしっかりと発信していただきたいと思います。

心づかいは、めぐりめぐって自分に返ってくる

本書は、心づかいの原則と習慣について書いています。

そのため、どうしても心づかいをする側の立場に重心を置いていますが、**心づかいをされたときの応対も大切**であることは言うまでもありません。

先ほどの女性代議士のケースのように横柄な態度を取られると、サービスを提供する側もモチベーションが下がってしまいます。

「もうどうでもいい。クレームを受けない程度に、適当にやろう」

そんなふうに思っても、致し方ないところです。心づかいというレベルからはほど遠い「作業」になってしまうでしょう。しかし、言葉を交わしてくださるお客さまに対しては、最大限の心づかいをしようと気合いが入るのです。

つまり、自分がより良いサービスを受けたいと思ったら、それを相手にどのように伝えるかという心づかいが必要になるのです。ただ**黙っているよりも、その心づかいに対しての感謝の気持ちを言葉に表したほうが、さらなる心づかいを受けられる**ということです。

心づかいは、めぐりめぐって自分に返ってくる——そのことをぜひ、心に留めておいていただきたいと思います。

ワンスモールステップ

心づかいを受けたら、感謝やねぎらいの言葉で返す

習慣8　観察でわからない部分は、「会話」で補う

飛行機にお乗りになるお客さまにとって、機内でのくつろぎのひとときはとても大切です。そのため、「ルール2」でお話ししたような他人の「音」への不満は数多く起こります。そういった不満をお聞きしてどのような対応をするかも、そのＣＡの資質と経験により大きく変わってきます。

入社2年目のあるＣＡが経験した失敗談があります。それほど長い路線ではない国内線に乗務していたときのことです。ほぼ満席で、お客さまとゆっくり会話をする時間がないほど忙しい便でのことでした。

ドリンクサービスがひととおり終わったころ、あるお客さまからのお申し出がありました。音楽を聴いている隣のお客さまのヘッドホンから音が漏れてきてうるさいというのです。彼女は、そのお客さまに精いっぱい丁寧な言葉で状況をお伝えします。

「おくつろぎのところ、たいへん恐れ入ります。お客さまがお聴きになっているヘッドホ

ンですが、少し音が大きいようです」

「わかりました」


その場では、お客さまもご納得いただいたようで、音量を絞ってくださったといいます。しかし後日、お叱りの手紙が届きました。

「私は耳が悪いので、大きい音にしないと聞こえにくいのです。それを知りもしないで、みんなの前で恥をかかされました」

そんな事情があったとは知らずに失礼なことを言ってしまったと、そのCAはかなりショックを受けたそうです。


短時間の路線で、お客さま全員と会話を交わすのは難しいものです。しかし、サービス中に少しでも会話ができていれば、お客さまとの間に「絆」のようなものがつくられていたかもしれません。

話もしていない人から注意されるのと、少しでも会話を交わした人から注意されるのとでは、受け取る側の印象も異なるでしょう。

一連のサービス中には気がつかなくても、注意をする前に「お飲み物のお代わりはいかがですか？」というアプローチから入っていれば、耳が聞こえにくい方だと察することができたかもしれません。

気づきは大切です。気づいたあとのアプローチのしかたや会話によって、お客さまとの「絆」が生まれます。そのときにわからなかったとしても、そういった会話をしたうえで音の話をしていたら、クレームまでは至らなかったかもしれないのです。

これは、状況認識をするうえで、**観察だけでとらえられない部分は会話で補い、そこに絆を生むことが心づかいのベースになる**という好例ではないでしょうか。

ワンスモールステップ

一方的な注意ではなく、会話から入ることで「絆」をつくる

習慣9　相手の気持ちを「先取り」する

「気づき」によって、**次に起こすアクションを想像し行動する**ことも大切です。

たとえば、入国書類を配布していると、必ずと言っていいほど、手元にペンがないかと胸ポケットのあたりを触ったり、バッグの中を探そうとするお客さまがいらっしゃいます。

そういうときにすぐに対応できるように、機内配備のボールペンを数本ポケットの中に忍ばせておいて、「どうぞお使いください」と笑顔で差し出します。

自ら依頼したわけでもないのに、目の前に探そうと思っていたボールペンが現れると、お客さまの顔もいっぺんに明るくなります。

お客さまに対しては、「**こういうことをしてもらえたらうれしい**」**と心の中で思っている気持ちを先取りし**、**その気持ちに沿った心づかいを提供していくことが必要**です。

しかも、お客さまは老若男女、職業もさまざまです。それぞれの気持ちはまったく異なるので、それを想像しながら先回りして対応していくには、相手を思いやる心が大切になってきます。

また、お客さまがはっきりと望んでいらっしゃることに対応するのは、比較的簡単です。ご要望が見えていれば、対応する方法はおのずと見えてくるからです。

むしろ、**お客さまご自身でさえ望んでいることを自覚していないうちに、それを先取りして察知し、適切な心づかいができるかどうかが、お客さまに満足感を与えられるか、喜びを感じていただけるかの岐路になるのです。**

「そうそう、それを待っていたんだよ！」

ハッとした表情を浮かべながら、そんな言葉が返ってきたら、そのお客さまに対して高いレベルの心づかいができた証拠です。でも、それは非常に難しいものです。根底に、お客さまに対する深い「愛」がなければできないものでしょう。

偽善や見せかけの心づかいは、すぐにメッキがはがれてしまいます。サービスを提供する側におごりがあったり、相手に対する思いやりがなかったりすると、的外れの心づかいとなってしまいます。

そうなると、相手にとってはむしろ苦痛になり、心づかいがかえって腹立たしいもの、「余計なお世話」になってしまいます。

それを防ぐためにも、**相手に関心を持って観察し、気づきを得て温かい心づかいをする**ことに努めるのが大切です。

ワンスモールステップ

お客さまが起こす次のアクションを予想する

習慣10　お客さまの心づかいに学ぶ

私の後輩CAが実際に経験した、機内での出来事です。

これは、お客さまからおもてなしを受けたということではなく、**「人を助ける」**という意味での心づかいをしていただいたケースです。

彼女は、エコノミークラスを担当していました。成田・フランクフルト便だったため、機内はビジネスパーソンのお客さまで混み合っていました。

本来はビジネスクラスを希望されたお客さまでも、満席のためやむなくエコノミークラスにご搭乗になっていらっしゃる。そんな状態で離陸しました。

食事のサービスが始まり、お一人ずつ食事のトレーを配っているときのことでした。つい先ほどトレーをお渡ししたお客さまから、

「何だ、これは！」とものすごい剣幕での怒声が発せられました。

あわててそのお客さまを見ると、小さなバターのパックを手にして、激昂されているのです。

機内の食事は、ギャレーに搭載されるカートの中で温められます。ヒーターの上に置かれたアントレ（主菜）だけが温められるようになっているのですが、時として、すぐ近くに置かれたバターもアントレから伝わる熱で溶けてドロドロになってしまうことがあります。

そのお客さまがパンを食べようとバターのパックを開けたとき、溶けたバターが飛び散って洋服についてしまったという状況でした。

「申し訳ございません。ご迷惑をおかけいたしました。お洋服は……」

と担当CAが誠意をもって謝罪していますが、そのお客さまの憤りは収まりません。

大半のお客さまは、心からの謝罪とクリーニングに使えるクーポン券をお渡しすることで納得していただけるのですが、そのお客さまは執拗にCAを責め立てます。

満席近いお客さまへの食事サービスを続けなければならない時間にもかかわらず、ずっと彼女を留めたままクレームを続けていたのです。

それを見かねたのでしょうか、1つ前の座席のお客さまが、座席越しに振り返って、そのやり取りをじっとご覧になりはじめました。

「いやね、私もよくこの便に乗っているので、何かあったのかなと思って。お話を一緒に聞かせていただきたいんです。よろしいですか？」

言い方は紳士的でしたが、明らかに「おまえ、いつまで文句を言っているんだよ。いい加減にしろよ」という口調と態度が感じられたと言います。

クレームをまくしたてるお客さまは、「何だよ、前を向いていてくださいよ」といった感じでその方のことを見ています。気が済むまでCAに文句をぶつけようと思っていたのに、前のお客さまが見ているのでやりにくくなってしまい、とうとう自分がみっともないことをしていることに気づかれたようです。

理不尽な理由で誰かが追い詰められているときに、周囲の方がそれに気づいて助け船を出してあげる――そんな心づかいを、そのCAは現場でお客さまから学んだのです。

行動だけではなく、さらにプラスアルファの声がけもする

続いては、私の長女が体験した、電車内での出来事です。

満員電車が揺れて、周りの人に身体がぶつかってしまうことがよくあります。ギュウギュウ詰めのときは、隣の人の体重をまともに受けて、反対側の隣の人に体重がかかってしまうこともあります。

いずれにせよ不可抗力なのですが、そんなときに露骨に嫌な顔をする人がいます。長女もその日、前に立っていた女性に当たってしまい、振り向きざまに「何よ！」という顔をされたうえ、ひじで押し返されたといいます。

朝から嫌な気分になったところで、次の路線に乗り換えました。

長女が吊り革につかまって立っていると、斜め前に座っていた大学生ぐらいの男性が突然立ち上がり、長女の隣の若い女性に「どうぞ」と言って席を譲ったそうです。

その女性のカバンにはマタニティマークのストラップがついていて、それに気づいた男

子学生が声をかけたわけです。

普通であれば、そこで終わる話です。しかし、その男の子は自分が降りるときに、その妊婦さんにこう言って電車を降りていきました。

「お身体、お大事になさってくださいね」

席を譲るだけでも、心づかいとしては十分です。さらにプラスアルファの言葉がけを行うことで、妊婦さんはもちろん、横で見ていた長女もすがすがしい気分になることができました。その前の電車で受けた嫌な思いが吹き飛ぶほど、心が温かくなったといいます。

周囲を巻き込むような心づかい——私たちが目指すべきなのは、そういった境地なのではないでしょうか。

ワンスモールステップ

行動で示すだけではなく、心づかいの一言をかける

習慣11　相手への配慮として「身だしなみ」を整える

「習慣1」でご紹介した「接客の5原則」のうち、「表情」や「態度」を感じよく、美しくするためには、外見だけではなく内面からも輝かせなければなりませんから、それなりの努力が必要です。

しかし、**「身だしなみ」については、すぐにでも、明日にでも感じよく、美しくすることができます。**

すぐにでも対応できて、印象を良くする、つまり身だしなみをきちんとさせるために、日本航空では厳しい「美容基準」を設けています。

①　髪型

まずは、髪型です。

お客さまにお辞儀をしてご挨拶したとき、横の髪の毛がバサッと前に落ちてくるのはだらしがないものです。その落ちてきた髪の毛をかき上げるのも、接客業に携わる者としてはふさわしくありません。ですから、ショートカットにするか、ほとんどのCAは後ろでシニヨン（おだんごヘア）にしてまとめる髪型にしています。

横の髪の毛が落ちてくるのは、だらしなく見えるだけでなく、それだけで10歳ほど老けて見えてしまいます。横の髪の毛をムースなどでピタッと留めることによって、清潔な印象を与えるだけでなく、若々しくも見えるのです。

② 眉毛

眉毛は表情を表す大切なパーツといわれています。ですから、明るい表情を演出するために、「前髪は眉毛にかかってはいけない」という規則があります。前髪で眉毛が隠れると、豊かな表情をつくるための大事なパーツが失われてしまうということになります。

ただ、眉毛にかからないように前髪を切ってしまうと、とても特徴的な髪型になってしまい、なかなか似合う人がいないので、ほとんどのCAは、オールバックにしたり、横に流してムースで固めたりしています。

ちなみに、ちょっと買い物に行くときでも、女性は眉毛だけは描いていくという話をよく聞きます。眉毛は整えているうちにだんだん薄くなってくるので、ちゃんと描かないと怖い顔になったり、表情が違って見えてしまうからです。

それほど、眉毛は表情と密接にかかわっているパーツです。**相手に親近感を持ってもらうためにも、眉毛には気をつかうべきというのが基本的な考え方です。**

③　化粧

最近の若い女性のなかには、化粧は薄いピンクの目立たない口紅やリップクリームだけ、という人が増えています。

しかし、薄暗い機内でもしっかりと顔色が映えるように、濃いピンクや赤い口紅をつけなさいと指導しています。

④　爪

ドリンクや食事のサービスをするときには、お出しする飲み物や食事に手を添えるのが接客の基本です。

そのため、CAは手にかなり気をつかっています。美しい手をアピールするために手入れが欠かせないことは言うまでもありませんが、**爪のケアも怠ることはできません。**

日本航空では、マニキュアは「してもいい」ではなく、「しなくてはならない」ことになっています。


ただし、赤や濃いピンクなど奇抜な色は認められません。ピンクの自然な色で、ラメやパールの入っていないマットな色という基準があります。

また、CAはサービス要員である前に保安要員ですので、緊急事態が起こったときにお客さまを救助しなければなりません。そのようなときに長い爪をしていては危ないので、「自分の手の平から見て、3ミリ以上爪が見えてはいけない」という長さの基準もあります。もちろん、同じ理由で爪を四角くカットするフレンチネイルなども不可です。

⑤　アクセサリー
「指輪は、1つだけつけてもよい。ただし、その幅は4ミリ以下のフラットなもので、石がついていないこと」

つまり、結婚指輪のようなシンプルなものであればOKということです。

これも保安要員であるCAが、ダイヤなど石がついている指輪をしていたら、お客さまを傷つけてしまう可能性があるという理由から、「石がついていないフラットなもの」という基準があるわけです。

イアリングやピアスも、パールだけは認められていて、その直径は5ミリ以下。ぶら下がるタイプのものはNGです。

また、現在の制服は胸元が少し開いていて、華美なネックレスをしているとお客さまから見えてしまうため、ネックレスは一切不可になっています。

⑥ 腕時計

最近は、ファッショナブルな腕時計や、ロレックスのような高価な腕時計もありますが、仕事にしていくべき腕時計は、華美ではなく、秒針がついているものでなければなりません。機内で倒れてしまったお客さまの脈をとるために、「秒針がついていること」は必要最低限の基準なのです。

「相手に不快感を与えない」を第一に

では日本航空のＣＡには、なぜこのような細かい美容基準があるのでしょうか。

それは、**髪型、化粧、アクセサリーなどは、自己満足のためではなく、お客さまを心地よくさせるためのものである**という考え方があるからです。

年齢によっては、化粧をしなくても人前に出られるでしょう。しかし、スッピンが美しい人でも、仕事をするうえでは多少なりとも化粧はしなければならないということです。

それは自己満足のためではなく、「相手への配慮」からです。

もちろん、素敵なアクセサリーをつけることで、自分自身の心がウキウキすることはあります。でも、それ以上に相手が気分よく思ってくれるためにはどうすべきかを考えるべきでしょう。

営業、秘書、接客など、相手がある仕事の場合、**自分は会社の看板を背負っているとい**

う自覚が必要です。自己満足のアクセサリーや華美な腕時計は、仕事以外の場面で思う存分身につければいいのです。

これは男性も同じです。男性で注意すべきは、「**寝ぐせ、ひげ、体臭**」などです。たとえば、ひげ。ひげを生やしている人は、きれいに整えてください。無精ひげはダメです。寝ぐせは問題外、体臭は防げるものは防ぐべきです。

身だしなみは自分のためだけではありません。**相手に不快感を与えないこと、相手に気持ちよく思ってもらうことを第一に考える**のが、心づかいの基本だと考えていただきたいのです。

ワンスモールステップ

身だしなみは、それを見た相手がどう思うかに基準を置く

習慣12　「正しい言葉」は心づかいの基本

「表情」「態度」「身だしなみ」といった視覚からくる第一印象をどんなに良くしても、会話をしたとたんにがっかり、などということがあってはいけません。

聴覚からくる第一印象は、10秒から15秒で決まるといいます。つまり、**相手と交わした最初の言葉と挨拶だけで、ほぼその人の印象が決まってしまう**ということです。

さらに、どんなに良い挨拶ができて、最初の一言により明るいイメージを持たれたとしても、会話を進めていくうちにメッキが剥がれるようなことがあってはならないので、ビジネスにおいて「言葉づかい」は本当に大切であるといえます。

お客さまに正しい敬語を使って話すことができますか？

新入社員教育の一環として、「言葉づかい」の指導をしている企業もあると思います。

しかし、社員教育のうちのたった数十分の「敬語の教育」がそのまま社会人としての生活の中で維持されているかというと、疑問を感じざるをえません。あるいは、そうした教育すら行っていない企業も多いのではないでしょうか。

私も多くの企業や官公庁で新任教育の講師を担当していますが、「敬語動詞」についてみなさんに尋ねてみると、そもそも知らない、わかっていない、間違って使っているという新社会人が本当に多くいます。

「敬語動詞」とは、「尊敬語や謙譲語になると、原形とは異なる形をとる動詞」をいいます。たとえば、「見る」の尊敬語は「ご覧になる」で、謙譲語は「拝見する」となり、いずれも「見る」の原形を留めていません。

「見る」のほかにも、「食べる」「言う」「聞く」「知る」「行く」「来る」「与える」「する」「いる」などです。

みなさんは果たして、それぞれの言葉の尊敬語、謙譲語がすぐに頭に浮かんだでしょうか？（浮かばなかった場合は、ネットで検索すれば、答えはすぐ見つかります）

答えがわかれば、すぐに「そうそう！」とわかるものばかりだったと思いますが、急に使おうと思ってもなかなか出てこないこともあるでしょう。

敬語は日本語の美しさの1つです。**社会人として正しい敬語が使えることは、相手への心づかいにも直結します。**

ご自身はもちろん、後輩や部下にもきちんと指導していきたいですね。

心づかいが感じられる言葉がけとは？

敬語だけではありません。身内に対して使うのはかまわなくても、お客さまに対して使ってはいけない言葉というものがあります。同僚や後輩に対してはよくても、先輩や上司に対して使ってはいけない言葉もあります。

これらは、学校教育や企業研修などでは教えてくれません。そのため、そもそも知らない人、それについて考えたこともない人がたくさんいるのが実情です。

機内では、たくさんのお客さまと会話をします。その内容は、挨拶からはじまり、飲み物、お食事のオーダー、手荷物収納などの依頼、席のアレンジなどのご要望、それにお応えできないときの謝罪、理不尽なクレームへの対応と多岐にわたります。

内容はほんとうにさまざまでしたが、一貫して私が心がけていたことは、相手への心づかいです。

「習慣7」でも少し触れましたが、みなさんは何かのサービスを受けているときに、

「何かございましたら、ご遠慮なくお申しつけください」

と言われたことはないでしょうか？

一見、丁寧で隙のない接客用語のようですが、「何かなければ声をかけてはいけないのか」と、逆にお客さまに遠慮させてしまうニュアンスが含まれています。

「何か」あったときに声をかけてもらうのではなく、**ご要望の言葉が発せられる前に、相手が今何を欲していらっしゃるのかを察知し、こちらからアプローチできるのがプロの対応です**。特に、ファーストクラスでは「コールボタン」を引かれてお客さまに呼ばれることなど、あってはならないと考えていました。

そのためには、「ルール4　観察、状況認識、想像、判断、行動」でお話ししたような「気づき」と「心づかい」が重要になるのです。

もちろん、機内においては多くのお客さまの対応をしているわけですから、必ずしもすべてのことが行き届かない場合もあるかと思います。

それでも、「何かございましたら」ではなく、**「いつでもお申しつけください」と相手に遠慮をさせない言葉をかけることが大切**だと思うのです。

気づかいから出てくる言葉は、人を気持ちよくさせます。

心づかいから生まれる言葉は、人を幸せにします。

ぜひみなさんも、相手を観察する力、想像する力を養って、たくさんの人への言葉がけを大切にしていただきたいと思っています。

ワンスモールステップ

「何かありましたら」より「いつでも」

習慣13 「NGワード」は絶対に口にしない

正しい言葉は、人間のたしなみとして必要だと思っています。そしてもちろん、ビジネスの場面でもそれは同じことです。

「ごめんなさい」
「すみません」

若い部下が、上司に対して平気でこうした言葉を使うことがあります。

これらの言葉は、親しい同僚や仲間には使ってもかまいません。しかし、ビジネスの場面、特にお客さまに対して謝罪の気持ちをしっかりと込めるのであれば、「申し訳ありません」「申し訳ございません」と言うべきでしょう。

機内においても、この言葉づかいの指導は徹底して行っています。

たとえば、新人のCAがお客さまの足を踏んでしまった、肩がぶつかってしまったというときに、「あ、ごめんなさい」などという言葉を発したら、先輩CAはすかさずギャレー内に呼んで、

「お客さまに対して『ごめんなさい』はないでしょう。『申し訳ございません』とお詫びの気持ちをしっかりお伝えしなさい」

と指導します。

正しい言葉づかいは、直接的にも間接的にも、心づかいに深くつながっていきます。失礼な言葉、相手を不快にさせる言葉を使うと、相手を気持ちよくさせるという心づかいの基本原則から逸脱してしまうからです。

ここからは、ビジネスの場面で間違って使われている言葉をいくつか挙げてみます。この機会に、ご自身の言葉や、同僚、部下など周囲で聞かれる言葉を思い返してみてください。

「ご苦労さまでした」は×、「お疲れさまでした」は○

ＣＡは、お客さまが飛行機から降りていかれるとき、「ありがとうございました」という言葉とともにお見送りをします。

あるとき、ツアーコンダクターの方がいらっしゃいました。降りていかれるその方に向かって、あるＣＡがこう言って頭を下げました。

「ほんとうに、本日はご苦労さまでした」

おそらくそのＣＡは、彼が機内でお客さまの対応をしていらっしゃる様子を見ていたので、その大変さをねぎらい、旅行業界で働く同業者という親しみも込めてその言葉を発したのでしょう。

しかし、そのツアーコンダクターの方は、不快そうな表情でこうおっしゃいました。

「僕は旅行会社の社員であって、御社の社員ではありません。きちんとお金を払って日本航空に乗っているんです。その客に向かって、『ご苦労さまでした』はないんじゃないですか？」

低いトーンで穏やかにおっしゃっていましたが、そのご不満はしっかりと伝わってきました。当然のお怒りです。お客さまや目上の人に対して「ご苦労さまでした」はNGです。企業の新入社員研修においては、「『ご苦労さまでした』は目上の人から目下の人に、『お疲れさまでした』は同僚・目上の人に対して使うもの」と教えているところがほとんどです。私も企業や官公庁での新任研修をさせていただくことが多いのですが、そのときは同様に伝えています。

この「お疲れさまでした」という言葉に対しては、実は諸説あって、目上の者に対しては「ご苦労さま」はもちろん、「お疲れさま」も使うべきではないとする考え方もあります。しかし、weblio辞書によると、「相手の労をねぎらう挨拶の言葉。最も一般的な挨拶として、身分や立場に関係なく用いられる」とあります。

また国立国語研究所によると、近年、世の中全体に「お疲れさま」が広く浸透し、目上に対して使われていることが多いと指摘しており、「お疲れさまでした」を目上に対する言い方として許容すべきだと考えている方も少なくないのです。

基本的には私も、「お疲れさまでした」は相手をねぎらうときにかける言葉として、必ずしもＮＧではないと思っています。

それでも、すべての方に気持ちよく降機していただきたいという思いを込めて、お客さまが飛行機から降りていかれるとき、私はなるべく両方とも使わず、

「ありがとうございました」
「またお目にかかりますことを楽しみにしております」

などの言葉をかけるようにしていました。

✤「了解しました」は×、「承知しました」「かしこまりました」は○

口頭で、あるいはメールで指示や要請があった場合に、返答としてよく使われる「了解

しました」という表現。

これを同僚や後輩に対して使っても特に差し障りはありませんが、上司や大切な取引先、顧客に対して発するのはＮＧです。

「了解」という言葉は、たとえば、部下が約束の時間に遅れてしまいそうなとき、上司に対して「申し訳ありません。10分ほど遅れます」と連絡した際に、上司が返答するときなどに使われる言葉です。つまり、上司が許可、容認する場合に使うものです。

その「了解」に丁寧語の「しました」をつけても尊敬語にはならず、お客さまや上司に対して使うのは失礼にあたります。

「了解いたしました」でも丁寧な印象を与えるように思われるかもしれませんが、目上の方には使うべき言葉ではありません。

お客さまや目上の方に対しての心づかいという観点に立てば、「**承知しました**」「**承知いたしました**」「**かしこまりました**」を使うべきでしょう。

同様に、「了承しました」もお客さまや目上の人に対して使う言葉ではありません。「了承」とは何かを「承諾」したときに使う言葉で、意味としては、相手の申し出や事情などを納得して承知することです。

この言葉には、「はい、それでいいですよ」という上から目線のニュアンスが含まれるため、お客さまや目上の人に使ってはいけません。

承諾したという意思を相手に伝える場合においても、お客さまへは「承りました」、目上の人へは、「承知しました」「承知いたしました」と正しく返答したいものです。

✿「なるほど」は×、「おっしゃるとおりですね」は○

お客さまや上司が言ったことへのあいづちとして「なるほど」という言葉を使ってしまう人はかなりいると思います。私自身もついつい使ってしまいそうになることがあります。

しかし「なるほど」は、目上の人が目下の人を評価するときに使う言葉です。したがって、お客さまや上司に対して絶対に言ってはいけません。立場が下の人が上の人に対して、面と向かって評価するということになってしまうからです。

その「なるほど」に「です」をつけて、「なるほどですね」という方がいらっしゃいますが、いくら丁寧語をつけても、失礼な使い方が帳消しになるわけではありません。

上司やお客さまの話にあいづちを打つときは、**「おっしゃるとおりですね」「たしかにそうですね」**といった言葉を選ぶのが好ましいでしょう。

❀「ご一緒いたします」は×、「おともいたします」は○

上司に「今日、○○社に挨拶に行くから、きみも一緒に行くかね?」と言われたときに、あなたはどのような返事をしますか?

「はい、ご一緒いたします」

これは、つい言ってしまいがちな返事です。しかし、この「ご一緒」というのは対等な立場のときに使う言葉で、上司や目上の人に使うべきではありません。

さらに丁寧な感じを出そうと、「ご一緒させていただきます」と言う方がいらっしゃいますが、これも間違った使い方です。

なかなか使わなくなってしまった言葉ですが、「**おともいたします**」がふさわしい言い方といえます。

✽「参考になりました」は×、「勉強になりました」は○

たとえば、部長と同行した取引先で、部長が企画のプレゼンをしました。そのプレゼンを聞いて、「すばらしい。自分もそういうプレゼンをしてみたい」と思って言ってしまいがちなのが、「参考になりました」という言葉です。

「参考にする」は、意図しているかどうかにかかわらず、「自分の参考にしてあげる」という見下したようなニュアンスを含みます。お客さまや上司に対しては、絶対に使ってはいけません。

ここでは、「**勉強になりました**」がベストです。

「感心しました」は×、「感銘を受けました」は○

同じケースで、「感心しました」という言葉を使う人がいます。「感心しました」も、上が下を評価するニュアンスがあるので使うべきではありません。

くだけた言い方の「よかったです」も、人を評価する言葉なので、目上の人に対してはNGです。

このケースでは、たとえば「**感銘を受けました**」「**感動いたしました**」といった言葉がふさわしいでしょう。

誤った言葉を使ってしまうのは、マイナスイメージでしかないのです。

次の言葉はビジネスの場面に限ったことではありませんが、最近特に気になる言い方として挙げようと思います。

✤「○○は本日お休みを頂いております」は×、「○○は本日休みを取っております」は○

お客さまから電話がかかってきました。

「中川部長はいらっしゃいますか？」

その日は、あいにく中川部長は有給休暇を取って休んでいました。電話を受けた社員は、相手にこう答えました。

「申し訳ございません。中川は本日、お休みを頂いております」

このケースには、2つの誤りがあることにお気づきでしょうか？

1つ目は「お休み」。身内の行為に「お」という丁寧の接頭語をつけるのは不適切です。

それからもう1つ。「休んでおります」で十分なのに、「お休みを頂いております」という言い方をしています。部長は、いったい誰から休みを「頂いている」のでしょうか？

そして、それはお客さまに関係することなのでしょうか？

そう考えると、言葉の使い方として間違っていることがわかります。正しくは、「申し訳ございません。中川は本日、休んでおります」「休みを取っております」になります。

✿「お名前とご連絡先を頂戴してもよろしいでしょうか？」は×、「お名前とご連絡先をうかがえますでしょうか？」は○

名前や電話番号は「頂く」ものではないので、「頂戴する」はＮＧです。「**うかがえますでしょうか？**」が正しい使い方です。

こういった電話による応対は、相手から見えないだけに、なおさら言葉づかいというものが大切になります。その応対のしかた、言葉の使い方ひとつで、その人の印象、ひいては会社の印象が決まってしまいます。

関連して、テレビなどでよく聞くのが「やらせていただいています」です。

「本日の司会進行をやらせていただきます鈴木です」

「この大作の主役を務めさせていただきます中村です」

この「～させていただく」は、謙譲のニュアンスを含む言葉です。しかしながら、これらの場合、いったい誰に対してへりくだっているのか、誰に対して許可を求めているのか、まったく意味不明です。

もしかしたら、自分を指名してくれた誰かに対して感謝の気持ちを込めているつもりなのかもしれません。あるいは、とにかくへりくだっておけば無難だろうという安易さからきているのかもしれません。

いずれにせよ、テレビを見ている視聴者にはまったく関係のないことです。

この場合は、いずれも

「本日の司会進行を務めます鈴木です」

「この大作の主役を務めます中村です」でかまいません。

ここまで、たくさんの間違った言葉づかいの例をご紹介してきました。

本来、こういった言葉づかいは家庭で教えるべきところですが、すでに親の世代も正しい言葉が使えるかあやしくなってきた現代では、やはり一緒に働く上司や先輩が、自社の威信をかけてしっかり指導しなければならないでしょう。

そうはいっても、いちいち言葉の使い方を指摘していると、部下から煙たがられてしまうかもしれない、そう思われたくないという「逃げ」と「面倒くささ」から、誤った言葉を放置してしまっている点も否めないところなのかもしれません。

しかし、**誤った言葉、見当違いの言葉を使っていると、「言葉を知らない人」という評価を下され、その人自身の、ひいては会社全体の印象の悪化につながってしまいます。**

心づかいが完璧にできたとしても、たった一言、言葉の使い方を間違えてしまっただけで、すべて台なしになってしまうかもしれないということは、ぜひ心に留めていただきたいと思います。

ワンスモールステップ

つい言ってしまいがちなNGワードはリスト化し、定期的に見るようにする

習慣14　時間は「○分後」ではなく、「○時○分」で伝える

正しい言葉を使っていても、その使い方いかんでは、まったく別の意味に取られてしまうことがあります。わかりやすい例として、時間を伝える場合を見ていきましょう。

羽田空港から福岡空港に向かう国内線の場合、空港を離陸してから17～18分後、つまり離陸時に時計が午後2時15分を指していれば2時33分に、飛行機の左側真下に富士山の火口が見えます。一方、宮崎、熊本、鹿児島に向かう国内線の場合は、太平洋上を飛んでいく航路のため、富士山は反対の右下に見えます。

時として、富士山の真上を飛ぶこともあり、同じ九州行きであっても、その微妙な航路の違いによって、富士山が見える方向が違うのです。

お客さまにとって、美しい富士山を上から見ることができる機会は頻繁にあるわけではありませんから、私たちとしてもぜひそのタイミングをご案内したいと思っています。そ

のため、機長など運航乗務員と行う飛行前のミーティングで、必ず「富士山が見える時間と方向」の情報を得るようにしています。

さて、その得た情報をいかに自分のものにするかでCAの資質が問われることがあります。たとえば、飛行前のミーティングで、

「今日は離陸して18分後に左側真下に富士山が見えます」

という情報を機長から得たとしましょう。

CAのAさんは、離陸した瞬間に腕時計を見て午後2時15分を指していれば、2時33分に富士山が見えると認識し、すぐにメモを取ります。そしてその時刻が近づいたら、ドリンクサービスをしながら、近くのお客さまに、

「間もなく、左手真下に富士山がご覧いただけます」

と的確なご案内をすることができます。

一方、Bさんは、離陸した瞬間に腕時計を見て、その離陸時刻だけをメモしていたとします。そしてサービスをしている最中に、お客さまに

「今日は富士山見えますか？」

と聞かれて初めて離陸した時刻を確認し、あわてて18分足して計算し、時刻をお伝えする、と後手後手にまわった案内しかできません。

同じ年に入社したCAでも、機転をきかせることができるか、得た情報を自分のものにできるか否かによって、CAとしての成長の度合いは大きく変わってくるのです。

「離陸して18分後」と情報を得たら、すぐに時刻に変換して「2時33分に富士山が見える」と認識し、お客さまから尋ねられる前に案内できる――これこそ、「ルール4」でお話しした気づきと心づかいによる対応になるのです。

そしてもう1つ、富士山をお客さまに楽しんでもらうために、私がチーフパーサーとして指示していたことがあります。

大阪などの短距離路線では、シートベルト着用のサインが消えたらすぐにドリンクカートを出してサービスを始めないと、全員のお客さまに飲み物が行き渡らなくなってしまいます。しかし、九州行きなどの便では、離陸18分後に富士山をゆっくり見ていただいてから飲み物サービスを始めても十分な飛行時間があります。

チーフパーサーは左側一番前のドアを担当していますので、お客さまよりも早い時間から富士山が見えはじめます。その光景を確認して、素晴らしい天候のもと、ぜひお客さまにも見ていただきたいような姿だった場合、このようなアナウンスをします。


「本日の快晴に恵まれて、間もなくみなさまの左手真下にたいへん美しく富士山がご覧いただけます。富士山の火口が見えるのは、福岡行きのこの路線ならではの光景でございます。右手にお座りのお客さまは、左手の各ドアの窓からもご覧いただけますので、カメラなどをお持ちになり、どうぞお楽しみください」


このアナウンスが入ると、左側に座っていらっしゃるお客さまはもちろん、真ん中の座席の方も立ち上がってのぞき込み、さらに右側のお客さまは席を立ち、通路を移動してドアの窓から富士山を眺めます。

「わあ、きれい！」

「え〜、すごい！」

「こんな富士山見たの初めて〜！」

と言いながら写真を撮るお客さまを拝見するのが、私の密かな喜びでもありました。

もし、この富士山上空を飛ぶときに、通路にドリンクカートが出ていたらどうなるでしょう。左側の方にはお楽しみいただけても、右側のお客さまはドリンクカートが邪魔をして左のドアの方に移動などできません。

ですから、飛行前のミーティングの際に、一緒に飛ぶCAたちにこんな指示をしていたのです。

「離陸して18分後に富士山が見えるとのことなので、それまではドリンクカートを出さないようにしましょう。シートベルトサインが消えて、富士山が見えるまで少し時間があるようでしたら、ゆっくり客室を巡回したり、お弁当を召し上がっているお客さまにお茶を差し上げたり、機内販売のパンフレットを持ってご案内するなどしてください。

富士山が見えてきたら、右側のお子さまをドアのところに案内してあげてくださいね」

マニュアルには、「離陸したら、ドリンクカートを出して飲み物サービスをする」とだけ書いてあります。

しかし、その路線特性を考え、その日の天候や見える風景を考慮したうえで、**よりお客さまに楽しんでいただくサービススケジュールを考え、臨機応変な対応をする**のもＣＡとしての心づかいといえるのです。

✤「時刻」で伝えたほうが、情報を共有しやすい

さて、自分が得た「時間」の情報を「時刻」に変えることの大切さは、お客さまへの心づかいという意味においてだけではありません。飛行の安全にも大きく影響してきます。**機長からＣＡ全員へ連絡するときにも、この「時刻」による情報共有が重要になります。**

航空機の運航にあたり、天候などの条件によって大きく揺れる可能性があるときは、機長が機内全客室に一斉に電話をかけます。これを「オールコール」と呼びます。

「こちら、機長です。20分後に揺れはじめるので、それまでに片づけを終わらせ、カート類をすべて収納すること」という内容だったとします。

しかし、オールコールを受けるCAは全員ではありません。オールコールがかかってきたときにサービスをしているCAもいるので、電話を受けたCAが、電話を受けていないCAに口頭で伝えることになります。


しかし、そこで「20分後に揺れはじめます」と伝えたらどうなるでしょうか？

機長がオールコールをしたのが午後3時7分だったとします。つまり、20分後は3時27分です。しかし、電話を受けたCAが電話を受けていないCAに伝えるときには、すでに時間が経過しています。

「先輩、20分後に揺れるそうです」

そう伝えた時刻が3時9分になっていたら……。


その先輩は、3時29分に揺れがくると思って片づけを進めます。しかし、機長からの情報では、揺れの予測は3時27分。その2分間というタイムラグの間に揺れが襲ってきたら、揺れに対する準備は間に合いません。

万が一、その2分の間に大きなタービュランス（乱気流）がきて、乗務員やお客さまがケガをするようなことが起きたら、大変なことになります。

「20分後って言ったじゃないか！」

3時7分に20分後と伝えた機長の立場としては、そう考えて当然です。

「私は3時9分に、20分後に揺れがくると聞いたので、3時29分から揺れると思っていた。それに向けて急いで片づけていたのに……」

伝聞で聞いたCAがそう考えても、あながちミスとは言えないでしょう。


この行き違いは、機長がオールコールのときに、「20分後に揺れがくる」ではなく、時刻に変換して「3時27分に揺れがくる」と指示することで防げます。

オールコールを直接受けたクルーも、伝聞で聞いたクルーも、CA全員が「3時27分に揺れがくる」という情報を「時刻で」共有することができるからです。

このケースでは、機長が**「時刻で伝えたほうが共有徹底できるだろう」**「**CAもその方が確実に片づけを実施できるだろう**」という配慮ができるかどうかがポイントです。


その心づかいがあるかないかによって、「お客さまの安全」という航空会社にとって一番大切なものを守ることができるのです。

ビジネスにおいても同じです。取引先の秘書の方から連絡があり、「30分後に弊社の社長が御社にお伺いいたします」と伝えてきました。時刻は午後2時です。

その電話を受けてから、担当者にその予定を伝えるまでには数分のタイムラグが発生します。

その伝え方として、

A「30分後に△△社の方がいらっしゃる」

B「2時30分に△△社の方がいらっしゃる」

どちらが相手への心づかいができているか、一目瞭然です。伝言を受けた人とのタイムラグによって混乱を生じさせないためには、**時間ではなく時刻で伝える**べきなのです。

「30分後」と言われたら、オウムのように「30分後」と伝えるのではなく、時刻に変換して伝えられるのが、心づかいのできる人です。

ワンスモールステップ

伝言をする前に、その言い方で誤解を生まないかを確認する

習慣15 「少々お待ちください」ではなく、「すぐに」

言葉の大切さでもう1つ、相手に与える印象がまったく違ってくる「言い方」がありま
す。

機内を巡回しているとき、ギャレー（サービスの準備をする厨房）から少し遠い席のお客さまに声をかけられました。

「すみません、コーヒーをください」

このとき、何とお答えするのが正しい対応でしょうか？

「少々お待ちください」

ほとんどの人は、この対応に違和感を覚えることはないでしょう。

しかし、日本航空ではそのような対応をしてはいけないと指導しています。

正しい対応は、次のとおりです。

「はい、かしこまりました。すぐにお持ちいたします」

この2つの対応の違いについて、くわしくお話ししていきます。

まず、お客さまから「コーヒーをください」と依頼され、「少々お待ちください」と応じてからギャレーに戻ってコーヒーを用意し、お客さまにお渡しするまでの時間をA秒としましょう。

次に、お客さまから「コーヒーをください」と依頼され、「かしこまりました。すぐにお持ちいたします」と応じてからギャレーに戻ってコーヒーを用意し、お客さまにお渡しするまでの時間をB秒とします。

では、A秒とB秒との間には、どのくらいの時間差があるでしょうか?

そうです。所要時間はまったく変わりません。それなのに、「コーヒーをください」と依頼したときに、「はい、少々お待ちください」と言われるのと、「はい、すぐにお持ちいたします」と言われるのとでは、受ける印象がまったく違うのです。

何かをお願いしたときに、「はい、すぐにお持ちいたします」と言われれば、「すぐに」という言葉が印象に残り、ほとんど待たなくてもいいと感じるものです。素晴らしいサービスだと高く評価していただけることもあるかもしれません。

このように、まったく同じ時間なのにもかかわらず、**言葉の使い方を変えるだけで、お客さまに与える印象はまったく違うものになる**のです。

✤本当にお待たせする場合は？

本当にこれは日本人の習性なのかと思えるほど、日常生活のさまざまな場面で「少々お待ちください」という言葉を聞きます。

ファミリーレストランで「お水のおかわりください」と依頼しても、「少々お待ちください」。

役所の受付で「〇〇届をください」とお願いしても、「少々お待ちください」。

お店で買い物をして「ラッピングお願いします」と依頼しても、「少々お待ちください」。

言い慣れている、聞き慣れていると言ってしまえばそれまでですが、逆に言えば、「**すぐにお持ちします**」「**すぐにお手続きいたします**」「**すぐにご用意いたします**」という第一声を発するだけで、相手に対する心づかいを表すことができるのです。

「待つ」は本来、その後に出てくる言葉のはずです。

「すぐにお手続きいたします。お掛けになってお待ちください」

「すぐにご用意いたします。そちらでお待ちください」

もし、何らかの理由があって、**本当にお待たせしなければならないときは、相手にはどの程度の時間をお待ちいただくか、誠意をもって伝えればいいのです。**

むしろ、「少々お待ちください」と言ったのに、その「少々」が1分なのか10分なのかがわからなければ、相手の時間を奪ってしまうことになります。

「すぐお手続きいたしますが、おそらく10分ほどお待ちいただくことになろうかと思います。それまで、どうぞお掛けになってお待ちください」

そう言われれば、相手も10分という時間の使い方を自分で考えられます。

「そうなんだ。じゃあ、その間にちょっとメールでも打っておこうかな」

「じゃあ、10分後に戻ってくるよ」


この言葉は、「相手の時間を大切にする」という心づかいの基本原則につながるものです。

「少々お待ちください」という名の「放置プレー」は、相手のことを考えているようで、まるで心づかいをしていないことと変わりません。

ワンスモールステップ

本当にお待たせしなければならないときは、

「○分ほどお待ちください」と伝える

習慣16　感謝の気持ちを先に伝える

「本日はご搭乗ありがとうございます」
「いつもご搭乗ありがとうございます」

どちらの言葉も、相手に対する感謝の気持ちを表現しています。
では、どちらの言葉だと、より感謝の気持ちが相手に伝わるでしょうか？

前者は少し堅苦しく、少し突き放したようなイメージがあるように思います。お客さまはお客さまですが、「今日一日限り」というニュアンスが含まれているように感じられるからです。

一方、後者からは親しみが感じられます。本当に何度も利用してくださっているお客さまには親愛の情を表現する言葉になりますし、初めてご利用いただいたお客さまに対しても、「私たちのファミリーにようこそ」という仲間意識のようなものをお伝えできます。

感謝の気持ちは、相手に伝わらなければ意味がありません。

その意味では、最後の機内アナウンスでご搭乗いただいたことに感謝の気持ちを表現するときも、「今日は、日本航空をご利用いただきありがとうございます」ではなく、「今日も、日本航空をご利用いただきありがとうございます」とお伝えしています。

助詞の「は」と「も」だけの違いですが、そのほうがいつものご愛顧に感謝しているニュアンスが出せると思っているからです。

✿第一声は、「いらっしゃいませ」ではなく、「ありがとうございます」

感謝の気持ちを相手に伝えるときは、言葉の選び方だけでなく、伝える順序も大きく作用してきます。

接客業やサービス業では、お客さまをお迎えするときには「いらっしゃいませ」と言い、接客やサービスの提供を終えたあとに「ありがとうございました」と言って感謝の気持ちを伝えるのが普通です。

しかし、これでは感謝の気持ちが確実に伝わる保証はありません。

お客さまが急いでいらっしゃる場合、いくらこちらが丁寧に「ありがとうございます」と感謝の気持ちをお伝えしても、すでに先を急がれている可能性もあるからです。

日本航空では、出発ロビーのカウンターにチェックインをしに来られたお客さまへの第一声は、「いらっしゃいませ」ではなく、**「いつも日本航空をご利用くださいまして、ありがとうございます」**とお迎えするよう指導しています。

そのタイミングでしたら、確実にお客さまの顔を正面から見た状態で「ありがとうございます」という感謝の気持ちを伝えられるからです。

それからチェックインの手続きに入り、すべてを終えたあとに「ありがとうございます。行ってらっしゃいませ」と再び感謝の気持ちをお伝えします。

しかし、このタイミングの「ありがとうございます」のときには、お客さまの顔は半分以上、先を向いてしまっているかもしれません。

やはり、せっかく日本航空をご利用いただいたのに、一言も感謝の気持ちをお伝えすることができないという事態を避けるためにも、お迎えするときの第一声が大切です。

「感謝の気持ちを先に、お客さまの顔を正面から見ながらお伝えする」ということは、心づかいの鉄則なのです。

✿感謝の気持ちを先に伝えると、自分も気分が良くなる

これは、コンビニでもスーパーマーケットでも、あるいは家電量販店でも、すべてのサービス業で同じことがいえます。

お客さまをお迎えしたときに、いつもの「いらっしゃいませ」に続けて、「いつもありがとうございます」とつけ加えるだけで心づかいが表せるのです。

もちろん、ビジネスの場面でも同じです。

商談がうまくいこうが不調に終わろうが、その日、相手の貴重な時間をいただいたことは事実です。それに対する感謝の気持ちをまず言うべきでしょう。

「貴重なお時間をいただき、ありがとうございます」

と言ってから、応接室や会議室の椅子に座っていただく。その第一声が相手への心づかいになるのです。

先に感謝の気持ちをお伝えできれば、自分も気持ちよく商談に臨むことができます。相手も同じ感覚になってくれるのではないでしょうか？

さらに、「心づかいができる人」と評価され、非常に良いイメージを持っていただくことができるかもしれないのです。

ワンスモールステップ

「本日はありがとうございます」より、
「いつもありがとうございます」と言う

習慣17　頼みごとをするときは、「否定依頼形」で

もう1つ、心づかいを表すために大切な言葉があります。

ビジネスでは、相手の要求に添えずにお断りしなければならない場面、反対にこちらから相手に物事を頼まなければならない場面が頻繁に訪れます。

そのような場面で大切なのが、「**クッション言葉の活用**」です。

・申し訳ございませんが
・あいにくではございますが

などがそれです。

そしてその言葉のあと、相手の要求を断るときに大切なのが、「**否定形を使わない**」ということです。

「申し訳ございませんが、それはできません」

これは丁寧な断り方だと思いますか？　「～せん」という否定の言葉を使うと、相手にきつい印象を与えてしまいます。

心づかいを込めた言い方としては、こんな言い方を選んではいかがでしょうか？

「申し訳ございませんが、私どもでは致しかねます」

断る場面ですから、相手にとってはマイナスの感情が生まれるのは間違いないところです。しかし、**否定語を使わないことで、少し柔らかい印象にすることはできる**のです。

「相手に選択肢を与える」ことも心づかいの１つ

今度は、相手に物事を頼むケースです。この場合でもクッション言葉は大切です。

・恐れ入りますが

・失礼ですが
・もしよろしければ
・お手数をおかけしますが
・お差し支えなければ
などが依頼をするときのクッション言葉です。

そしてその後に続く言葉として、「～してください」というのはどうでしょう。社内ならともかく、社外のお客さまに対してこのような言い方では、心づかいが感じられません。

では、「～していただけますでしょうか」はどうでしょうか？

丁寧な言い方ですから、これが正解と言いたいところですが、さらにワンランク上の依頼の言葉があります。「**～していただけませんでしょうか**」です。

これを「**否定依頼形**」といいます。否定依頼形を使うことで、相手に依頼をするときにより丁寧に気持ちを伝えることができます。

そもそも、「～してください」というと、相手に選択肢はありません。「～していただけますでしょうか」も、丁寧ではあっても選択肢はない。しかし、「～していただけませんでしょうか」と言うことで、**相手に選択肢が生まれます。**

「たいへん恐れ入りますが、もう一度お越しいただけませんでしょうか」
「お手数をおかけしますが、こちらをお持ちいただけませんでしょうか」
「お差し支えなければ、ご連絡先をお教えいただけませんでしょうか」
といった感じになります。

頼みごとをするときには、クッション言葉を入れること、そして相手に選択肢を与えること。それが、心づかいの基本なのです。

ワンスモールステップ

断る場合は、否定語を使わず、「～しかねます」で柔らかい印象に

習慣18　「最初に何を言うか」に心を配る

あなたは、自動車販売会社の営業マンです。車の購入を考えているお客さまがやってきました。あなたは、そのお客さまに近づいて声をかけます。

「この車は、先日出たばかりのニューモデルです。燃費も良く、走行性も居住性も高い、人気の車なんですよ」

何かを売りたいとき、その商品の良さや商品に対する思い入れをアピールするのは当然のことです。決して悪いことではありませんが、**その前に一言あると、印象が変わってくるものです。**

たとえば、そのお客さまに「なぜ車を購入しようと考えているのか」を最初に聞けば、そこには多くのドラマが隠されているかもしれません。そのドラマに対する心づかいがあれば、あなたという人の評価は大きく変わってきます。

冒頭の場面に戻りましょう。あなたはお客さまに声をかけます。

「今のお車は、どのくらいお乗りになっていらっしゃるのですか?」

こんな質問から入っていけば、そのお客さまの現状と、抱えられている問題を浮き彫りにすることができます。

「いや、もう何年も乗っているんだよ。そろそろ買い換えどきかと思ってね」

そういう事情であれば、通常の買い換えということで、ストレートに車のアピールに進んでいいと思います。しかし、こんな事情があったらどうでしょうか?

「先日、車をぶつけられてね……」

ここで、「そうですか。じゃあ、すぐに車が必要ですね。つきましては、この車の性能は……」と続けてしまっては、あなたの人間性が疑われてしまいます。

「それは大変でしたね。おけがはなさらなかったでしょうか?」

まず、相手をいたわる一言があってしかるべきでしょう。その気持ちが伝われば、この人は車を売ることだけではなく、人に対する心づかいができるという印象を持たれます。

ビジネスの場においても、普段の生活の場においても、**会話をはじめるときの最初の言葉は何か、どのようなアプローチをするか**――その心づかいが、相手との心の通い合いを生み、商談がスムーズに進む可能性を高めるものなのです。

ワンスモールステップ

いきなり本題に入らず、お客さまに質問をしてみる

習慣19　相手に配慮しながら、上手に依頼する

心づかいには、上司の部下に対するものもあれば、部下の上司に対するものも当然あります。

たとえば、部下が上司に何か頼みごとをするときには、上手な依頼の仕方というものがあります。これは、取引先との関係についても同様です。

その1つが、「習慣17」でご紹介した「否定依頼形」という形です。ここでもう一度おさらいしておきましょう。

上司や取引先に依頼をするとき、「ご検討ください」という言い方をすると、やや命令のニュアンスが含まれてしまいます。

それをもうワンランク柔らかくしたのが、「ご検討いただけますでしょうか」という言い方です。この言い方でも、依頼相手には選択肢がないように感じられてしまいます。

そこで登場するのが、「**ご検討いただけませんでしょうか**」という否定依頼形でした。

この言い方をしてはじめて、「お願い」というニュアンスが表現できます。

同じ依頼をするのでも、選ぶ言葉によってニュアンスがまったく変わってくるということは、つねに意識していただきたいと思います。

たとえば、その日の報告書を上司に提出するケース。部下としては、上司にアドバイスをもらいたい点があります。もちろん、報告書にもそのことはしっかりと書いてあります。

「藤田部長、今日の報告書です。チェックお願いします」

こう言って渡すだけの人も多いのではないでしょうか？

報告すべきこと、アドバイスをもらいたいことは報告書に書いてある。読んでもらえればわかる――そう思っているので、そんな言い方になったのでしょう。

でもそこで、相手への配慮を入れます。まずは「クッション言葉」です。

「藤田部長、**今**、**お時間よろしいでしょうか？**　今日の報告書をお持ちしました。ご確認いただけませんでしょうか」

第一声に、相手の都合に配慮する言葉が入っていますね。そのうえで、否定依頼形を使っているので、最初の依頼の仕方に比べて、はるかに心づかいが行き届いた言い方になっています。

言い方としては、これで問題ありません。しかし、依頼をするときは、**いかにして相手を「じゃあ、やってやろうか」という気にさせるかが最大のポイント**になります。

そういう意味では、この言い方は目的を考えると、やや弱いかもしれません。

❀何が問題で、「何をしてほしいのか」を明らかにする

「藤田部長、今、お時間よろしいでしょうか？　今日の報告書をお持ちしました。お忙しいところ申し訳ありませんが、**検討課題のこの点に少々不安なところがありますので、何かアドバイスをいただけませんでしょうか**」

「お忙しいところ申し訳ありませんが」という、さらに相手に配慮するクッション言葉が入り、依頼の言葉も「ご確認いただけませんでしょうか」から、「この点に少々不安なところがありますので、何かアドバイスをいただけませんでしょうか」に変わっています。何が問題で、何をしてほしいのかということが明確になっています。

報告書を読めば、アドバイスがほしいということは伝わります。しかし、より具体的に言葉で伝えられると、印象はかなり違ってきます。

・「チェックお願いします」
・「ご確認いただけますでしょうか」
・「何かアドバイスをいただけませんでしょうか」

部下に報告書を出されて、この3種類の言い方をされたときに、藤田部長がやることは同じです。しかし、藤田部長が受ける印象はまったく違います。

「お、この社員のためにひと肌脱ぐか」

という気持ちになるかどうかは、部下の依頼の言葉ひとつで大きく変わるのです。

心づかいは、する方とされる方の思いが重なることではじめて成立するものです。こういうことをしてあげたい、こういうことをしてほしい――この2つが一致することで、お互いがお互いの思いに気づくものです。

頼みごとをするときは、相手に配慮をすることはもちろんですが、**「何をしてほしいのか」を具体的な表現で、十分な心づかいをもって伝えることが大事なのです。**

ワンスモールステップ

「今、お時間よろしいでしょうか？」という心づかいの言葉とともに依頼する

習慣20　わからないことは、わかる人に頼る

前項で、「人に依頼するときには、いかに相手をその気にさせるかが大事」だとお話ししました。

ここでは、さらに一歩進めて、「**相手に能動的に動いてもらう**」ための心づかいについてお話しししたいと思います。

まずは、上司と部下のケースから。

部下に教えてもらうことは恥ずかしい――そんなどうでもいいプライドなど持たず、知らないことは、たとえ部下であっても聞くべきだと私は思っています。

昨今のＩＴの進歩にはめざましいものがあります。若い「ミレニアル世代」や「デジタルネイティブ」は、何の躊躇もなく新しいテクノロジーを取り入れることができますが、上司の世代にはＩＴ機器を苦手とする人もいます。

部下がＩＴ機器を駆使して、ささっとアウトプットを出してきたら、それを素直に教え

てもらえばいいのです。

「へえ、そんなことできるの？　すごいね！　そのやり方、ちょっと教えてよ」

いわゆる「知ったかぶり」をせず、わからないこと、知らないことは素直に部下に教わろうという気持ちを伝えれば、彼らも快く教えてくれるでしょう。人は頼られると、能動的に動こうとする生き物なのです。

そのとき、心にもないようなおだての言葉は必要ありません。

しかし、素直な気持ちで、相手のすぐれた点を認めることは大切です。**人は自分の強みをほめられると、さらに能動的に動くものなのです。**

人は頼られると、その人に尽くそうとする

仕事の場面以外でも、まったく同じことが言えます。**私は選択に迷ったら、いつもその道のプロに頼ることにしています。**

あるレストランでのこと。リゾットを食べたいと思ったのですが、トマトリゾット、チーズリゾット、和風リゾットなど、どれもおいしそうに見えて選べません。そんなときは、店員さんに「どれがおすすめですか?」と聞くようにしています。

その料理に合うワインも、素人の私にはよくわかりません。

「今日の一番のおすすめは何ですか?」

「このお料理には、どのワインが合いますか?」

その店員さんが名札をつけていたら、店員さんの名前を呼んで、「松本さんのおすすめは何ですか?」と尋ねます。すると、うれしそうなお顔で一生懸命説明してくださいます。

「ルール5」でお話しした「バイネーム」の効果ですね。

「松本さんは召し上がったことがありますか?」

そんなふうに言えば、会話も弾みます。

「はい、何度か食べましたが、おいしかったですよ。今日のメニューでは、私はこれをおすすめしますね」

ここまでくれば、**「教えてあげる」**という気持ちではなく、一歩進んで**「教えたい」**と

いう気持ちに変わってくるものです。

場所は変わって、ある家電量販店でのこと。

新しいデスクライトが欲しいと思ってお店に行きました。しかし、いくつも並んでいるデスクライトの中から選ぶのは、素人の私にはなかなか難しいものがあります。

そこで、近くにいた店員さんに聞きました。

「山田さんのおすすめはどれですか？」

すると、意外な返事が返ってきたのです。

「それは、当店の社員としての答えをお望みですか？　それとも、私個人の答えをお望みですか？」

お、これは面白い反応！　彼自身のおすすめを聞きたいと思い、

「山田さんのおすすめでお願いします」

と言いました。山田さんはうなずくと、２９８０円の商品を指しました。

「ＬＥＤライトでこの明るさを出せて、この価格なので、絶対にこれをおすすめします」

周囲の棚を見ると、ＬＥＤを使ったデスクライトはほとんどが６０００円以上でした。なかには、１万円、２万円という高額な商品もありました。

店の売上を考えれば、私に高額商品を買わせたいところでしょう。しかし、２９８０円の商品を薦めてくださった山田さんの誠実さに感心し、思わずその思いを口にしてしまいました。

「山田さんは、商売を考える店員さんとしてよりも、ご自身の感覚を信じて対応する誠実な方なのですね」

すると山田さんは、

「『山田さん』と私の名前を呼んでお聞きになったので、私も個人として正直なところをお話ししたのです」と返してくださったのです。

これはまさに、**その人を頼りにすることで、それに応えようとする気持ちを引き出すことができた**典型的な例です。

✤「頼られること」で、人は能動的に動く

人は誰かに頼られると、その人に尽くそうという気持ちが生まれます。気持ちよく働くことができます。

先ほどの部下の話も、レストランの話も、家電量販店の話も同じです。いずれも、「相手に能動的に動いてもらう」という意味では共通するところです。おそらく、「頼られること」が人を能動的に動かす最大の源になるのではないでしょうか。

イヤイヤ動いてもらうより、能動的に動いてもらったほうが、こちらの受ける印象は違います。相手のモチベーションも上がってくるはずです。結果的に、**双方にとって気持ちのいい状態が生まれて、すべてがうまくいくのです。**

ファーストクラスに乗ってこられるような、地位も名声もあるお客さまは、自分は何でも知っているという態度を取る方は少ないものです。

むしろ、「ねえ、こういうこと教えてくれる？」という態度で接してくださる方が多いのです。私たちも、それを知っていたら、一生懸命に教えてさしあげたいと思うものです。

こんなことを聞いたらバカにされるのではないかと思うようなことでも、知りたいと思ったら素直に聞いて頼ればいいのです。

そうすると、それまでにはなかったコミュニケーションが生まれ、むしろ関係が緊密になるに違いありません。

ワンスモールステップ

判断に迷ったら、その道のプロのおすすめを聞く

習慣21　形だけの「謙譲の表現」は使わない

人に贈り物をするとき、こんな言い方をすることはありませんか？

「つまらないものですが……」

「お口汚しではございますが……」

日本人にはおなじみの、「謙譲」の表現です。

私は、はたしてそのような形だけの謙譲表現を使う必要はあるだろうか、と考えることがあります。

そこで私は、誰かにお菓子をお渡しするとき、こんな言い方をするようにしています。

「このお菓子は私も以前食べたことがあるのですが、感激するぐらいおいしいんです。ぜひ、みなさんにも召し上がっていただきたくてお持ちしました」

食べ物は、人の好みによって味の感じ方が違います。「おいしいと感じてください」と強要することはできません。

ただ、目の前に差し出されたお菓子を、「つまらないものですが……」と言って渡されるより、こう言われたほうが「食べてみたい」と思うのではないでしょうか。

少なくとも、こちらのほうが、**相手を大切に思っているということは伝わる**と思います。

もちろん、謙譲の考え方そのものを否定するつもりはありません。日本人の文化として、へりくだる場面があったほうがいいこともあります。

しかし、それで相手に心づかいが伝わらなければ意味はありません。

何より、へりくだった言葉には、本心が表れていません。贈り物として選んだものが本心からつまらなくて相手の口を汚すとは思っていないでしょう。

このように心づかいが伝わらないのであれば、謙譲語を使っておけばいい、ということにはならないはずです。

形式ではなく、どのような心づかいをしたいのかよく考えることです。

それがはっきりとしたものであれば、おのずと言い方は変わってくるでしょう。そこでへりくだることがいいのであれば、どんどん謙譲語を使っていけばいいのです。

手垢にまみれた謙譲語や、意味さえわからないへりくだりの言葉をただ機械的に使うことが、心づかいにはならないことだけは確かです。

ワンスモールステップ

「つまらないものですが……」より、「本当においしいので……」と言って渡す

習慣22　部下や後輩を叱る前に「ワンクッション」を置く

「ほめる風土の醸成」が大切であることは、「ルール5」でもお話ししましたが、みなさんの会社ではどうでしょうか。

あなたの上司は、あなたをほめてくださっていますか？

そして、あなたは部下をほめていますか？


今の上司の世代は、厳しく怒られて育った人が多く、ほめられることに慣れていないので、部下に対してもうまくほめられない人が多いかもしれません。

何かを成し遂げたとしても、そのことをほめられるよりも、わずかなミスの部分を反省しなさいと迫られる——そんな精神が染みついており、ほめることよりも怒ることで部下の成長を促そうとする世代なのです。


私の次女は、中学生時代、バスケットボール部に入っていました。試合を観にいくと、コーチがコートサイドを行ったり来たりしながら、選手たちに檄を飛ばしています。

「ゆりな！　動け！　違う！　そっちじゃないだろ！」

体育館中に響きわたる大声で怒鳴っています。


私もスポーツ大好きの体育会系ですので、こういった部活の指導でコーチが選手を呼び捨てにしたり、怒鳴って指導したりするのは嫌いではありません。

オリンピックにおいても、コーチがシンクロナイズド・スイミングの選手たちを厳しい言葉で指導している模様が、幾度となくテレビなどで紹介されていました。「選手を育てたい、オリンピックでメダルを獲らせたい」というコーチならではの思いからくる厳しい指導ですから当然といえます。


しかし、それがビジネスの場面になると少し違ってくるかと思います。

もちろん時として、部下を怒らなければならないこともあるでしょう。

ただ、**その怒るという動作の1つ前に、ほめ言葉とまでは言わないまでも、ワンクッションを置くとずいぶん印象が違ってきます。**

「きみのこういうところが問題だと思う」

会社で上司が、部下にそう言ったとしましょう。そのとき部下は、上司からの厳しい叱責に萎縮してしまうものです。

問題点を指摘するのは必要です。しかし、厳しく叱責することで萎縮させてしまい、その後まったく成長しなくなるようでは逆効果です。まして、最終的に会社を辞めると言い出してしまっては、元も子もありません。

同じことを伝えるにしても、その前にこんな一言を入れてみることで、部下の受ける印象は変わるのではないでしょうか。

「**ふだんから、清水くんはよく勉強していると思うよ**。でも、きみのこういうところは問題だと思う」

本当に言いたいことは後半にあるのですが、その前に緩衝材を入れてあげるのです。そうすることで、本当に伝えたいことを萎縮せずに受け入れてもらい、今後の成長につなげてもらうという意図です。

最終的な目的から逆算して考える

上司のミッションは、部下の能力を伸ばすことです。そのためには、ただ伝えるべきことを伝えるだけでなく、**伝えるための心づかいも必要になってくる**のではないでしょうか。

その1つが、若者特有の「承認欲求」を満たしてあげることです。

ほめることがあればもちろんそれでいいのですが、そこに至らないまでも、「きみのことを見ているよ」という裏のメッセージを伝えるだけで、部下のモチベーションは上がり、やる気を引き起こすことができます。

つまり、**「若者の承認欲求を満たしてあげたうえで、誤りやミスを指摘する」**という2つのアクションをするのです。

人には、ほめるべきポイントがいくつもあるはずです。それを見つけるのは、比較的容易なことだと思います。

よく「ほめるところがない」と言う人がいますが、それは単に相手のことを見ていないだけです。心づかいの「ルール4」で、正しい「状況認識」には、まさに相手を注意深く見るというステップが欠かせないとお話ししました。

それができないのは、余裕がないからです。人に関心がないからです。**自分のことで精いっぱいの人が、心づかいをすることなどできません。**

そして、最終的な目的は何か。このケースでいえば、部下に課題となっている点を指摘し、改善してもらって成長を促すことです。

そこから逆算して、そのために必要な心づかいを考える。そういった習慣を身につけることが、部下を持つ立場の者にとって大切なのではないでしょうか。

ワンスモールステップ

叱る前に、部下の承認欲求を満たす一言を

習慣23　酒席での正しいマナーを知っておく

心づかいで言葉が大事な要素になるのと同じように、「テーブルマナー」も無視できない要素です。

ただ、本書でそのすべてを網羅しようとすると、かなりの紙幅が必要になってしまいます。そこで、ここではビジネスパーソンに直接影響しそうな会食や酒席で使えるマナーについて触れたいと思います。

おそらく、そのなかで最も大きな要素を占めるのが、箸使いとお酒の注がれ方についてのマナーとタブーでしょう。

こんなにある！　箸使いのタブー

- 舐《ねぶ》り箸　　箸先についた食べ物を舐めて取ること
- もぎ箸　　箸についたごはん粒などを口でもぎ取ること

・噛み箸　箸の先を噛むこと
・迷い箸　どの料理を食べようか迷い、お皿の上で箸を行き来させること
・探り箸　料理の中を探るように、下から引き出して取ること
・刺し箸　つかみにくい料理を、箸で突き刺して食べること
・指し箸　食事中に箸で人や物を指し示すこと
・寄せ箸　箸を使って、奥にある器を手前に引き寄せること
・ちぎり箸　箸を片手に1本ずつ持って料理をちぎること
・振り箸　話が盛り上がりすぎて、箸を振り回しながらしゃべること
・拾い箸　箸から他の人の箸へ料理を移すこと
・渡し箸　箸を器の上に渡すように置くこと
・涙箸　煮物の汁などをたらしながら口に運ぶこと

以上が代表的な箸使いのタブーです。どれも、居酒屋など飲食店のあちこちで見る光景ですね。

この最後の「涙箸」を避けるために、私たちがよくやってしまうのが「手皿」です。刺身を食べるときに醤油がたれるかと思い、空いている手を受け皿のようにして口元に持っていくのが「手皿」でたいへん不作法です。

醤油皿や小皿は手に持って食べてよいものですので、汁や醤油がたれそうだと思ったら、手皿ではなく小皿を持って食べましょう。

また、「渡し箸」を避けるために知っておきたいのが、箸置きをつくることです。

多くの料亭や和食を提供するお店では「箸置き」があり、食事前も食事中も箸をその上に置くことができます。

しかし箸置きがない場合、テーブルに直に箸を置くのはきれいではないですし、不衛生ですので、そうするとだいたいの場合、お皿の上に箸を渡すように置く「渡し箸」をしてしまいます。

この「渡し箸」は箸使いのタブーの1つですから、避けなければなりません。

そんなときに、**箸を箸袋から出してすぐに、その箸袋を使って箸置きをつくる**ことができればとても素敵だと思います。

ネットで検索すると、鶴や犬などおしゃれな箸置きのつくり方がずらりと出てきます。そういったかわいい箸置きをサッとつくれば、

「えっ！　それどうやってつくるの？」

「かわいい！　教えて〜！」

と一瞬で場が盛り上がります。

そんなおしゃれな箸置きでなくても、箸袋をただ何回か折り曲げただけでつくれるものもありますので、男性でもそのような箸置きをご自身でつくれば、「なんてマナーの心得がある人だろう」と一目置かれることは間違いありません。

❀ついやってしまいがちな「返し箸」もタブー

もう1つ、とても頻繁に見られる箸づかいのタブーが「**返し箸**」です。

大皿に盛られた料理を自分の取り皿に取ろうとするとき、多くの人が箸をひっくり返して、元のほうで料理を扱おうとします。

直箸では失礼だから、口に入れていないほうを使って大皿の料理を取る、というのは心情的にはよくわかります。一見すると、周囲に心づかいができる人のように見えますが、これは大変なマナー違反なのです。

ひっくり返して食べ物に直接触れる部分は、そもそもその人が手で持っていた部分ですから、そちら側を大皿に突っ込むことは不衛生であり、周囲の人への心づかいにはなっていないということです。しかも、その後は食べ物に触れた部分を再び手で持つことになるので、その繰り返しは不衛生極まりないと考えられます。

もし、返し箸により元のほうに料理がつけば、それをまた返して手に持ったときに、料理が手につくでしょう。そうすれば、その手を今度はおしぼりで拭くことになり、さらなる失礼が連鎖していくわけです。

直箸をするのが心苦しい方と会食しなければならないときは、目上の人から直箸で取ってもらうか、「直箸でよろしいでしょうか?」と断ったうえで取るか、**店員さんに「取り箸」をお願いして持ってきてもらいましょう。**

西洋料理のテーブルマナーに比べて、和食のいただき方は柔軟性が高く機能的です。それでも箸の持ち方や扱い方で、その人の育ちがわかると言われてしまうほど、箸使いは大切なものです。美しい箸使いができれば、それだけで品位を感じます。

社内での懇親会であっても、取引先との会食であっても、正しく美しく箸を使ってワンランク上のビジネスパーソンを表現していただきたいと思います。

お酒を注がれるときのマナーとは?

ビジネスパーソンが酒席でもう1つ気をつけるべきなのは、飲み物を注いでもらうときのマナーです。注がれ方のマナーは、おおむねビール、日本酒、ワインの3つに分けられます。

ビールや日本酒を注がれるときは、コップや盃を手に持って受けるのが基本です。

ビールについては、必要以上に泡を立てたくないからなのか、極端にコップを傾ける人がいます。やりすぎはよくないので、あまりグラスを傾けず、コップの底に手を添えて注いでもらうといいでしょう。

日本酒の場合は、親指と人差し指でおちょこの上部を持ち、中指はおちょこの下を支えるように持ちます。男性の場合は片手で持ってもかまいませんが、基本的には反対側の手もおちょこを支えるために使うほうが望ましいと思います。

一方、ワインを注いでもらうときは、**ワイングラスを持ち上げたり、触ったりするのはマナー違反です**。ワイングラスはテーブルに置いたままの状態で注いでいただきます。

日本人は相手がお酒を注ごうとすると、つい感謝の気持ちを表そうとワイングラスを持ち上げてしまいます。

でもそこをグッとこらえて、「ありがとうございます」という言葉と、微笑みを浮かべながらのアイコンタクトだけを相手に向けて、グラスには手をかけないのがマナーなのです。

お酒の席は無礼講といっても、見る人は見ています。

マナー違反が随所で目について、せっかくの楽しい酒席が不快なものになってしまうのは避けたいところです。

心づかいの大前提は、相手を不快にさせないということです。みなさんには素敵なビジネスパーソンとして、ここでご紹介した宴席でのマナーを同席した方々にもお伝えいただきたいと思います。

ワンスモールステップ

「返し箸」はせず、「直箸でよろしいでしょうか？」という心づかいの言葉をかける

習慣24　心づかいは、自分自身の「健康管理」から

ビジネスにおいては、先輩と後輩、上司と部下がいて、上司が部下に指示する指示系統と、部下が上司に報告する報告系統が、どの会社にもしっかりあるかと思います。

ＣＡの世界でもそれは同じです。

離陸してから最初の飲み物、食事サービスをし、そのあと免税品の販売を行って、入国書類を配布しながら必要に応じて書き方を説明する。そういった一連のサービスがすべて終了するまでは3、4時間かかります。

各クラスの責任者はサービス終了後、何かアクシデントはなかったか、病人の発生、座席の不具合など、お客さまにご迷惑をかける出来事は起こらなかったか、そういった「ホウレンソウ（報告・連絡・相談）」をチーフパーサーに伝えにきます。

それを受けてチーフパーサーは、その対処法を指示したり、次のサービスまでにやることや、そのサービス開始時刻、到着予定時刻から逆算したサービス終了目標の時刻を周知

したりします。

そういったことを考えると、CAの世界にもオフィスで働く方々と同様の報告系統、指示系統があるといえます。

ただ、CAの場合、離陸してから着陸するまでの限られた時間だけで仕事を終えなければなりません。そういう意味においては、一般的なオフィスでの仕事とは異なることもあります。

飛行機という密室の中で、多くのお客さまに満足していただけるよう、数時間立ちっ放しでサービスにあたり、しかも揺れる不安定な場所で足を踏んばりながらバランスを取って歩くCAの仕事は、肉体的にかなり負荷がかかります。3、4時間のサービスが終わったら、身体はもうクタクタに疲れます。

そこで、ヨーロッパ便、アメリカ便など9時間以上かかるような長いフライトのときには、CAも交代で休憩を取るようにしています。

航空機の機種によって違いはありますが、多くの場合、後方に「バンク」とよばれる小部屋があります。そこには、いくつかのベッドが備えつけられていて、狭いながらも身体を横たえる場所があることが私たちの救いになっています。

1回目のサービス終了から2回目のサービスが始まるまでの数時間が、CAが交代で休む時間になります。

ところが、その休憩開始時刻になっても、

「私は休まないで、機内の設備やサービス用品の収納場所を覚えたいと思います！」

と、訓練生や新人のCAが言うことがあります。

CAに限らずどの職種でも、自分の熱心さをアピールするために、そういう行動を取る若い人は多いかもしれません。

たしかに、まだ経験の浅い人たちには、勉強すべきことがたくさんあります。CAの世界も例外ではありません。ボーイングの機体だけでも、737から767、777、787とさまざまな種類があり、それぞれ機体のつくりが違うので、どこに何が入っているかはすべて異なります。

そういった機内の備品を確認したり、機体の勉強をしたいという思いから、先ほどのような発言になるのでしょう。

もちろん、つねに勉強しようとする姿勢は素晴らしいと思います。一般の企業でも、上司や先輩はそうした若者の態度を過大評価する傾向があります。

しかし、私は「**休むべきときは休みなさい**」と指導していました。日本人は遠慮して、「みなさんが休んでいる間も、私はずっと起きて勉強していました」と、「寝る間も惜しんで」が美徳だと思いがちな新人ＣＡがいますが、それは逆効果なのです。

３時間から４時間、立ちっ放しでサービスを行ったあと、与えられた休憩時間に少しでも心と身体を休めておかないと、２回目のサービスのときに笑顔が出ない、機転が利かない対応につながるからです。

30分でも1時間でも身体を休めて身体がすっきりすると、身も心も元気になって、また一生懸命おもてなしの心を込めたサービスをしよう、という気持ちになります。アンテナを張ってたくさんの心づかいを発揮するためにも、しっかりと身体を休めることが大切なのです。

相手に対する心づかいを最大限にするためには、自分自身の健康を整え、万全の態勢で臨まなければなりません。

まずは、自分の体調を大切にする――それが心づかいの基本なのです。

ワンスモールステップ

最高の心づかいをするために、休むべきときは休む

習慣25　幅広い情報に通じておく

ある大手自動車メーカーの経営者の方が、奥さまとご一緒に成田・パリ便のファーストクラスにご搭乗になりました。そのときにファーストクラスを担当したCAから聞いた話です。

その経営者の方はかなりお疲れのご様子で、到着の前に鼻血を出されてしまいました。真っ白のシャツが、鮮血で真っ赤になってしまったのです。替えのシャツはスーツケースの中。でも、そのままの状態で機内でお過ごしいただくこともできませんし、機内からスーツケースを受け取るターンテーブルまで、血に染まったシャツのまま歩いていただくわけにもいきません。

ファーストクラスのお客さまのスーツケースは、最初に出てきます。そこで、飛行機を降りて手荷物を受け取るまでのほんの少しの間だけお召しになっていただくのに耐えられればと、シャツの鮮血の色を薄めることを考えました。

その経営者の方には、ファーストクラスに備えつけられているリラクシングウェアに着替えていただき、お預かりしたシャツを丁寧に洗います。

機内は乾燥しているので、意外と早く乾くものです。思いが通じたのでしょうか、到着までにうまく乾かすことができ、シャツをお渡しすることができたのです。


おそらく彼女たちの様子を、経営者の方と奥さまがご覧になっていたのでしょう。シャツをお召しいただくときに、こうおっしゃったそうです。

「こんなアクシデントでお世話になるなんてことはそうそうないけど、僕はあなたに何をしてあげればいいんだろう」

彼女は、そのときに「いいえ、結構です。私は私の職務を全うしただけです」と言うのも気が利かないと思ったと言います。

ちょうど、そのメーカーは新車を発表したばかりでした。さかんにテレビコマーシャルも流れていたので、ふとそのことが浮かんだそうです。

「では、私の自宅に○○（新車の名前）をお届けいただけますか？」

もちろん、彼女なりの洒落です。すると、その方はニッコリと笑って、こんな言葉を返されたのだそうです。

「きみはわが社の一番新しい車を知ってくれているんだ。ありがとう」

その方は、彼女が洒落で言ったことを理解し、そのうえで感謝の言葉をおっしゃったのです。そのやり取りで、お礼についての話は終わったそうです（もちろん、そのメーカーの新車が彼女の自宅に届くことはありませんでした）。

ファーストクラスにお乗りいただくような方に、なかなかそんな冗談を言えるものではありません。しかし、彼女は懸命に心づかいをしたことで、その方との間に自然で温かいコミュニケーションが生まれ、心づかいができたことに対する自信が持てたのだと思います。

特定のジャンルを深掘りするより、浅く広く

ここでのポイントは、彼女がそのメーカーに関する新しい情報を持っていて、それをとっさに会話の中に紛れ込ませられたことです。

心づかいをするうえでは、1つひとつの情報を深掘りする必要はないにしても、幅広い知識が求められます。芸能から政治経済まで、ある程度の知識があれば、お客さまとの会話が弾みます。

彼女も、ふだんから新聞やネットニュースなどで、なるべくいろいろなジャンルの知識を得るよう努力していると言っていました。

そして、ファーストクラス担当になったら、事前ミーティングでお客さまのお名前、ステイタスの情報を得て、それから乗務開始までの1時間ほどで、**その方の会社のポリシーや話題の商品、新製品などをインターネットで調べて頭に入れておく**のだそうです。

そういった地道な努力を積み重ねることで、お客さまとの会話が弾むのだと思います。

情報のソースは、新聞や雑誌やテレビだけではありません。**機内での会話からも、たくさんの情報を得ることができます。**

もちろんファーストクラスだけではなく、ビジネスクラスにもエコノミークラスにも、思いもよらない知識と経験をもったお客さまはたくさんいらっしゃいます。

同様に、ビジネスの現場においてもお客さまとの会話を密にすることで、心づかいができる土壌を醸成することができ、さらに多くのビジネスチャンスにつながっていくのではないでしょうか。

ワンスモールステップ

政治、経済、ＩＴ、芸能など、あらゆるジャンルのニュースに目を通す

習慣26　お客さまや上司だけでなく、一緒に働く仲間にも心づかいを

一人前のCAになるための訓練や新人教育においては、お客さまに対してのみならず、**同乗するCAに対する心づかい**を教えることもとても大切です。

機内でのCAの仕事には、大きく分けて2種類のものがあります。

1つは、「CABIN DUTY」（キャビンデューティ）という、お客さまに直接サービスを提供する仕事です。担当する客室と通路（右側か左側かなど）が決められ、担当するお客さまに対して、食事や飲み物などの提供を行います。

もう1つは、「GALLEY DUTY」（ギャレーデューティ）と呼ばれる仕事です。キャビンでお客さまにサービスをするCAが、気持ちよく効率的にサービスを提供するためのバックアップをするのが仕事です。

この「ギャレー」は経験の浅いCAが担当することが多くあります。しかし、このギャレー担当の良し悪しで、その便のサービスのグレードは大きく変わってきます。

たとえば、コーヒーを例に説明しましょう。コーヒーを用意し、ポットに詰めるのはギャレーの仕事です。キャビンでお客さまに提供するポットの中身がなくなりそうなタイミングで、新しいポットを持っていって、中身のなくなったポットを下げてくるのも、同じくギャレーの担当です。

比較的大きな飛行機は通路が2本ありますから、ギャレーの仕事を担うCAは、右側（Rサイド）と左側（Lサイド）両方のキャビン担当に目を配る必要があります。サービスをしているキャビン担当の状態を観察し、彼女が何をしようとしているか、何を望んでいるかを鋭くキャッチし、それに応えるような仕事をすることが求められるわけです。

コーヒーのポットは、1本にだいたい12杯分が入っています。ほかに、スープや日本茶、ジュース類もカートの上に載せていますから、12名のお客さまにサービスした段階でなくなってしまうわけではありません。

ビジネスパーソンが多い路線なのか、ご家族連れが多い観光路線なのかによっても、出る飲み物が違ってきますから、その交換のタイミングはギャレー担当CAの勘と経験によって推し測らなければなりません。

「あと1、2杯でなくなりそうだな」

そうキャッチしたら、新しいポットにコーヒーを詰めます。お客さまにコーヒーのしずくがかからないよう、ポットの口に清潔なリネンを当て、細心の注意を払って持っていき、キャビン担当に渡します。

キャビンを担当するCAは、空になったポットをカートの定位置から持ち上げます。ギャレー担当はそこに満タンのポットを置き、キャビン担当が持ち上げた空のポットを受け取ってギャレーに戻ります。

ギャレーの仕事を担当し、キャビンを担当するCAの仕事のサポートをすることで、キャビン担当が何を欲しているかを想像する力が身につきます。

この訓練は、お客さまが何を欲しているかを想像する訓練と密接に結びついていくので、新人CAに担当させることに意味があるわけです。

✤仲間が何を欲しているか、想像できますか?

このケースでも、ギャレー担当の観察力と想像力が如実に表れる場面があります。それは、空のポットを受け取ったあとの行動です。

満タンのポットを持ってくるときは、片手にポット、片手にリネンを持っているので、両手がふさがっています。しかし、ギャレーに戻るときは空のポットだけなので、片方の手は空いているのです。

カートの上には、それまでキャビン担当がお客さまから回収した空のカップ類や缶ビールの空き缶などが置いてあります。そのとき、ギャレー担当がそのゴミを一緒に持ち帰ってくれると、カートの上にスペースができて、仕事がしやすくなります。

カートの上を観察し、キャビン担当の仕事の状況に想像をめぐらすことができれば、そのゴミを持ち帰るという心づかいにつながるはずです。

でも、そんな人ばかりではないのが現状です。ポットを置くだけで、カートの上などまったく見ることもなく、さっさと振り向いてギャレーに戻ってしまうCAがいないかというと、残念ながらそうしたCAがたまにいます。

また、通路が2本あるわけですから、新しいコーヒーのポットを持っていって交換したあとに、振り向いてすぐにギャレーに戻るのではなく、「反対側の通路はどんな感じかな？」と目を配ることができるかどうかによっても、そのあとのギャレー担当の行動が違ってきます。

「あ、向こうはスープがなくなりそうだな」と思えば、ギャレーに戻ったときに、今度はスープのポットを用意して持っていくことができるでしょう。

これは、「気づき」の問題です。**観察と想像を意識するだけで、確実に行動は変わってくるはずです。**そもそも、この点をクリアできなければ、お客さま目線に立った心づかいなど、できるはずがありません。

✤同僚の休憩時間を邪魔しないのも心づかい

こういった一緒に働く仲間への心づかいが大切なのは、仕事中に限りません。先に、機内の後方客室には「バンク」という、ＣＡが休む小部屋があるというお話をしました。

この小部屋には、８床ほどのベッドが設置されています。ベッドといっても、ホテルにあるような大きなものではなく、幅はせいぜい60㎝程度で、ようやく寝返りができる程度の広さです。それでも乗務員にとっては、身体を横にして休めるだけでも幸せな時間を過ごすことができます。

疲れ切った身体を休ませるその幸せな時間を、少しでも邪魔するようなことがあってはならないと、交代で休む際にさまざまな心づかいをするのです。

たとえば、決められた時間で起きることができるように目覚ましをセットしますが、それが家庭でよく使うような大きな音が出るものだとどうでしょう。

休憩が終わる時間は一緒でも、化粧直しの時間、髪をセットする時間などはＣＡによりまちまちですので、起きたい時刻も多少違います。

そんなときに、自分の目覚ましが大音量で鳴ってしまっては、ほかのCAも起こしてしまいます。そうならないよう、耳の中に差し込んで時間がくると「ピピッ、ピピッ」と鳴る、補聴器のような形をした小さな目覚ましを使ったりするのです。

CAの仕事は激務です。それは働いているCAが一番よくわかっていることです。休むときにはしっかり休むことが大切だと認識しているので、ほかのCAにも心地よく休んでもらえるように、という心づかいができるのです。

一緒に働く仲間が気持ちよく仕事ができるように配慮する——これは職種に関係なく、大切な心づかいといえるのではないでしょうか。

ワンスモールステップ

自分の仕事だけではなく、同僚の仕事の状況も気にかける

習慣27 「チームワーク」で、心づかいを完成させる

心づかいは、おもにお客さまや取引先など、サービスを提供する相手に対して行うことが中心になります。

それと同時に、いえ、それ以前に、一緒に働く仲間たちに対して働きかける心づかいも大切なものだとお話ししました。

CAは、一機につき15人ほどのチームで飛んでいます。その15人がお互いに対する心づかいについて考えることで、気持ちよくお客さまへのサービスに臨むことができます。

そういう状態になってはじめて、お客さまに対する最上級の心づかいが提供できるのです。

お客さまの情報は、チームで共有する

その心づかいは、一緒に飛ぶCAに対してだけにとどまりません。

6000名いる日本航空のCA全員が、一丸となって世界一の航空会社を目指すために、**「同じ会社の仲間」という意識をもって、チームワークを発揮しています。**

世界的に著名なある女性は、いつも日本航空のニューヨーク・成田便をご利用くださっています。そういった常顧客の方に毎回JALをお選びいただき、ファーストクラスをご利用いただくためにはどうしたらよいか——CAだけではなく、地上スタッフも、営業スタッフも、そのほかの部署の社員も一丸となって考えているのです。

そういったさまざまな社員の努力があるなかで、機内の時間を快適にお過ごしいただくための「心づかい」はCAの担当です。

しかし、当然のことながら、その女性が搭乗するフライトは決まったCAが乗務するわけではありません。彼女にサービスするファーストクラス担当CAは、彼女に初めて会ったという人がほとんどです。

でも、そのお客さまにとっては、「いつも乗っている日本航空」です。ですから、私たちも「いつもお乗りいただいているお客さま」という対応をしなければなりません。

そのために、地上スタッフとCAは絶妙な連携を図ります。

担当したCAは毎回、彼女が機内でお召し上がりになったお酒の銘柄から食事の内容、お読みになる新聞、雑誌、リラクシングウェアのサイズから、機内での過ごし方にいたるまで、事細かにレポートに書き留め、乗務後に本社の担当部署に宛てて報告書を提出します。

そして、その方がご搭乗になるときは、出発ミーティング時に最新のレポートが用意され、ファーストクラスを担当する3人のCAがその情報のすべてを頭に入れておくわけです。

たとえば、その情報に「食前のお飲み物」として、「SALON（「幻のシャンパン」といわれ、世界で唯一、JALのファーストクラスで提供している）をお飲みになったあと、モンラッシェ（フランス・ブルゴーニュ地方の白ワイン）を嗜まれる」

と書いてあれば、アプローチのしかたは、

「お飲み物は何にいたしましょうか？」ではありません。

「今日もSALONがとてもおいしく冷えております」

「モンラッシェもご用意しておりますが、今月から搭載が始まりました○○も華やかで広がりのあるフレーヴァーが印象的なワインとしてご好評をいただいております。オードブルとご一緒にお試しになられませんか？」

となります。

大切なのは、**乗務員が替わっても自分の好みをわかってくれていると、お客さまに信頼していただくことです。**

こういったCAのアプローチによって、おすすめしたワインをお気に召したようであれば、またそれを新たな情報としてデータベースに加えます。その繰り返しで、チームで共有する詳細なデータベースができ上がっていくのです。

このように日本航空のCAは、**一緒に乗務する者に対してのみならず、次の便に乗務するCAのことも考えながら乗務しています**。そして、その積み重ねがチーム意識につながっていきます。

お客さまもいろいろです。チームとして機能しなければ、次のCAが知っていなければならない情報を引き継ぐことはできません。それがなければ、心づかいを提供しようがないのです。

ネガティブな情報ほど、いち早く共有する

先ほどの女性が、何らかの理由で搭乗中にご立腹され、「二度と日本航空には乗らない」と言い出したとしましょう。ニューヨーク・成田便を運航しているエアラインはほかにもあるので、その女性はまったく困ることはありません。

この場合は、**ネガティブな情報ほどいち早く共有することが大事になってきます**。それは機内のCAだけでなく、地上スタッフ、営業スタッフとの素早い連携による心づかいが、

傷を大きくしないことにつながるからです。

ですから、機内においてそのような一大事が起きれば、チーフパーサーは目的地に着くまでに、経緯から機内での対応まですべて詳細に記入したレポートを書き上げ、ドアが開いてお客さまが降りる前に、その到着地の空港スタッフに手渡しします。

事後的に出せばいいのではありません。到着してすぐ、そのお客さまが空港にいらっしゃる間にその後のケアをしていただくよう、一刻を争うレベルで対応をお願いする旨のレポートを手渡しするのです。

手渡されたレポートにより、待ち受けていた空港スタッフは、そのお客さまのもとに赴いて、機内での非礼をお詫びし、さまざまな対応を施します。

そしてそのレポートは、その日のうちに空港スタッフから営業スタッフに回ります。営業スタッフは、お客さまにチケットを販売する役割を担っており、ふだんからお客さまとの接点があるので、機内での不備をすぐにお詫びし、何とか次回もご利用いただけるよう、深謝しなくてはなりません。

万一、このレポートが作成されておらず、空港スタッフに回っていなかったらどうなるでしょう。営業スタッフが機内で不備があったことなど知らず、次のチケットを売りに行ったりしたら、お客さまは、そうした対応にどのような印象を持たれるでしょうか？

そんな失態は、絶対に避けなければなりません。**ネガティブな情報ほど早く伝達しなければならないのは、チームの連携で仕事が成り立っているからです。**

これは日本航空の特殊事例ではなく、あらゆる会社にいえることでしょう。

「心づかい」というと、どうしても自分と相手、個人と個人という発想になりがちです。もちろん、それも非常に大事なことです。

ただ、心づかいは個人で完結するものではありません。それは、**すべてのサービスが連鎖しているから**です。

心づかいを完璧に提供できる人などいません。**チームで補完し合ってはじめて、お客さまに満足いただける心づかいを提供することができるのです。**

経験がないCAは、先輩に相談して心づかいを学ぶ。

先輩のおもてなしを見て心づかいを学ぶ。

その積み重ねによって、心づかいのノウハウが伝承され、「チームとしての心づかい」が完成するのです。

ワンスモールステップ

心づかいのノウハウは、チームで共有できる形で残しておく

習慣28　仲間の気持ちを推し測り、必要以上に追いつめない

「日本航空で働いていたときは気づきませんでしたが、先輩のみなさんも同僚のみんなも、社員どうしの頼み方やお礼の仕方が上手でしたね」

日本航空を退職したあと、別の職場で事務職をしている、元ＣＡの後輩がこんなことを言っていました。

彼女は、別の職場に移ってまだ仕事に慣れていなかったころ、先輩にこんな言葉で仕事を頼まれたそうです。

「これ、誰でもできる仕事だから、お願いできる？」

悪気があったわけではないと思います。おそらく、その先輩としては経験の浅い彼女に気をつかい、「難しい仕事ではないから大丈夫」と安心させようとしたのでしょう。

しかし彼女は、かなりの違和感を覚えたそうです。

『誰でもできる仕事』と言われると、モチベーションが下がる。『あなただからできる』とまでは言わなくてもいいけれど、もう少し別の言い方があるんじゃないか？」

彼女が言いたかったのは、**相手の気持ちを思いやった依頼の仕方、コミュニケーション方法があるはずだ**、ということです。

日本航空では、相手に依頼したことをやってくれているかどうか確認するとき、

「○○はどうなっていますか？」

「○○はやってくれましたか？」

という言い方はしません。

「○○、**ありがとね**」と言うのです。

依頼されたことにすでに対応していたら、それに対してお礼を言ってもらうことになるので、言われたほうは気持ちよく感じます。

一方、仮に何らかの理由でまだ対応できていなければ、その人は「まずい、早くやらなくちゃ」と思っているはずです。そんなときに、「どうなってる？」と聞かれたらどうでしょ

うか？　その人をさらに追い込んでしまうことになります。

適切なタイミングで、「○○、ありがとね」と言われたら、あらためて早く取り組まなければ、と自覚するはずです。

小さな言葉がけですが、**仲間の気持ちを推し測り、必要以上に追いつめないという心づかい**も必要ではないでしょうか。それでも一向に対応してもらえなければ、そのときは「どうなった？」とストレートに言えばいいのです。

依頼をする場合には、そしてそれが急ぎの場合にはなおさら、いつまでにやってほしいという期限を指定することも、相手に対する心づかいだといえます。

ワンスモールステップ

「○○、どうなってますか？」ではなく、
「○○、ありがとね！」と言える余裕を持つ

習慣29　リーダーは心づかいができて、部下の心づかいにも気づく

マナー講師を務める私の友人が、ある大企業から、1週間のマナーレッスンの依頼を受けました。対象は、新たに取締役になられた方だといいます。

大企業の取締役になられる方です。当然、それなりのビジネスマナーは習得していらっしゃるはずです。彼女は、疑問を感じて尋ねたといいます。

「取締役になられるような立派な方に、今さら何をお教えすればよろしいのでしょうか？」

その疑問は、もっともなことだと思います。

彼らがすでに知っているであろうビジネスマナーを復習することに、さして意味があるとは思えないからです。

すると、その取締役の方は、こんな言葉で目的を語られたといいます。

「自分ができたとしても、人がやってくれたことにきちんと気づいてあげられなければいけないと思うんだよ。

それに気づけるか気づけないかで、リーダーとしての資質が問われると思うんだよね」

私は、それを聞いて深く納得しました。

まずは、部下の心づかいに気づけるかが大事

先にご紹介したケースですが、ここでもう一度お話しします。

ある取締役会でのこと、10人の取締役のうち、1人だけ左利きの方がいらっしゃったそうです。秘書の方が、資料を綴じる場所をその人の分だけはほかの人と反対側にして用意しておいたといいます。

もちろん、左利きの取締役ご本人はそのことに気づきます。心づかいをしてくれた秘書に対して感謝の気持ちが浮かび、その秘書の評価は高まるでしょう。

しかし、ここで大切なのは、残りの9人の取締役がそのことに気づけるかどうかということです。
こうした**秘書の心づかいに気づくことができるリーダーが、真のリーダーシップを持っているる**と思うのです。

地位の高い人は、人を評価する立場にあります。評価する基準は多様で、秘書がやったような心づかいもその1つです。

もし、それに気づけなかったとしたら、どうなるでしょうか？　いい仕事をしている人材を評価することなく埋もれさせてしまい、みすみす良い仕事をしてくれる人材を見逃してしまうことになるでしょう。

それでは、リーダーの資質に欠けると言わざるをえません。


人をほめるときのほめ方についても、本書ではくり返しお話ししてきました。

「バイネーム」で相手の名前を呼んでほめることと、相手の強みについて具体的にどこがいいのか言ってあげること。それがとても大切だとお話ししました。

今のケースでいえば、左利きだということを察知して、しかもその人が資料を開きやすいように、ほかの人とは綴じ方を変えるという行動に対して、しっかりと評価してあげることです。

「すごいね、山崎さん。きみはそういうことにも気がつくんだね」

そう言ってあげられれば、やった人は自分の心づかいに自信を持ち、ほめられたことにこの上ない喜びを感じるでしょう。

それが、その人のモチベーションを高め、ひいては組織や集団全体の心づかいのレベルアップにつながるというものではないでしょうか。

仕事は、一人ではできません。
チームで完結するものです。

人の上に立つ人にとっては、部下への言葉がけは必須です。

感謝の気持ちをきちんと伝えるという心づかいが、チームメンバーのモチベーションを上げ、チームとしての業績を伸ばすことになります。チームの業績が伸びるということは、上司の評価を高めることにもつながるのです。

ワンスモールステップ

部下の心づかいに気づいたら、それを具体的に、バイネームでほめる

習慣30　心づかいの「本質」を知る

ここまで、おもてなしの心づかい、その原則と習慣についてお話ししてきました。私のお伝えしたいことはすべて出しきったと思いますが、最後に心づかいの「軸」について考えてみたいと思います。さまざまな原則や習慣を実践するうえで、そのベースとなる「本質」を考えることには意義があるからです。

あるとき、私を含め、日本航空の後輩ＣＡや他社の元ＣＡのみなさんと、心づかいとは何かについて話をする機会がありました。そのときに、心づかいの本質について議論し、そこで挙げられたのが次のようなキーワードです。

「まごころ」
「誠実さ」
「プロ意識」

「隙のなさ」
「感知力」
「洞察力」
「行動力」

私が特に、「なるほど」と感じ入ったご意見を少しご紹介します。心づかいに対するそれぞれの考え方の違いが出ているので、みなさまにもきっとご参考になると思います。

◆Aさん　「心づかいの本質は、『**まごころをもった思いやり**』ではないでしょうか。相手の立場に立って、自分がしてもらったらうれしいと思うことをして差し上げる。自分が言われたらうれしいと思うことを言って差し上げる。逆に、自分がされたり言われたりしたら嫌だろうと思うことはしない、言わないということです。

取りつくろっても、お客さまには見透かされてしまいます。

お客さまにサービスをするときだけ笑顔になるのではなく、**心から自分の仕事を楽しんで、誠意をもって向き合うこと**だと思います」

◆Bさん　「私が好きな言葉は、インテグリティ（integrity）です。日本語にすると、『誠実さ』『正直さ』という意味です。

人が見ていようが見ていまいが、誠実に正直に、正しい行いをするのが心づかいの本質だと思います。ただ、誠実さや正直さを出すためには、意志の強さが必要です。その意味では、**心づかいにも強烈な意志の強さが求められる**と思います」

◆Cさん　「疲れているからといって疲れた顔はできませんし、どんなに眠くても最高の笑顔と最高のおもてなしをしなければなりません。

その意味では、**プロフェッショナルとしての強い意志**のほかに、**自分の職業に対するプロ意識**が欠かせないと思います」

「プロ意識の1つには、『**自分を磨く**』ということも含まれると思います。

お客さまに対するサービスの場面では、理不尽な場面に遭遇することがあります。そのときに、涼しい顔、あるいは笑顔で対応できるように自分を鍛えていく。

そんなことも、心づかいの基盤になると考えています」

◆Dさん　「本当の意味で『一流』と呼ばれる人は、ふとしたしぐさに表れるものです。些細なところにその人の本質が表れるので、**あらゆるところに隙をなくしていく努力が必要です。**

そもそも、プロには隙がありません。プロの一挙手一投足は取りつくろって行われているものではなく、**そこからその人の本質がにじみ出るものです**」

◆Eさん　「**感知する力**が必要だと思います。気づくことができなければ、相手に対して何の心づかいもできませんし、自分を成長させようとする努力さえできません。

その意味では、**見えないものを感じ取る洞察力**も求められると思います」

◆Fさん　「これまでのみなさんのお考えに同意します。そのうえで加えるとしたら、理想論だけで終わらせるのではなく、**実際に行動に移す力**だと思います。

こういう仕事をしていると、やって差し上げたいことは山ほどあります。でも、実際にやっていることと、やっていないことがあるものです。

やっていないことをできるようにする。それも心づかいの大事な要素ではないでしょうか」

いかがでしょうか？

これは、現役のＣＡと元ＣＡが交わした議論です。基本的には、機内での心づかいを想定しています。

ここで、「ＣＡ」「機内」という前提条件を外し、よろしければ、もう一度お読みいただけませんでしょうか。すると、ビジネスの場面でもまったく同じことがいえるということにお気づきになると思います。

再度、心づかいの本質として挙げられた言葉をお読みください。

「まごころ」

「誠実さ」

「プロ意識」
「隙のなさ」
「感知力」
「洞察力」
「行動力」

まごころと誠実さをもって取引先や顧客に向き合い、そのときに隙のないプロ意識をもって当たる。

取引先や顧客が持つ顕在化されたニーズを感知し、あるいは潜在的なニーズを洞察し、実際に取引先や顧客のメリットになるような形で行動する。

そこから、自分たちの収益を生み出していく——。

これは、ビジネスパーソンが仕事に取り組むうえでの必須条件といえるのではないでしょうか。

ただし、私は「心」だけではまだ足りないと思います。

✤Customer Satisfaction のワンランク上の Customer Delight を目指して

心とスキル。

そのためには、**自己研鑽が必要です。**


私が目指していたのは、「Customer Satisfaction」ではなく、「Customer Delight」でした。

「Customer Satisfaction」＝顧客満足。つまり、お客さまに期待どおりのサービスを提供することです。でも、それだけでは物足りない。

「Customer Delight」＝顧客感動。つまり、お客さまが期待する以上のサービスを提供することで、そのお客さまに予想外の喜びや感動を与えることです。


ＪＡＬに乗ればこの程度のサービスをしてくれるだろう、と期待して搭乗されるお客さまに、その期待どおりのサービスをすれば、きっとお客さまは満足してくださるでしょう（顧客満足）。

でも、そのワンランク上を目指して、

「こんなことまでしてもらえるのか」
「こんなに気持ちよく過ごすことができるのか」

と機内でのひとときに感動していただき、さらに

「次は何をしてもらえるのだろう」

という新たな期待をも抱いていただく（顧客感動）。

それによって、「Customer Loyalty」＝顧客忠誠度、つまり「この路線で飛行機に乗るな

らＪＡＬにしよう」というお客さまの心理が芽ばえてくるのです。

お客さまに「またＪＡＬに乗りたい。次もＪＡＬに乗ろう」と思っていただけるように、「Customer Delight」を目指して、すべての面で高いレベルを保持できるようなプロであいたいと願い、後進にもその思いを伝えてきました。

みなさんのビジネスにおいても、ぜひ「顧客感動」を追求してみていただけるとうれしく思います。

ワンスモールステップ

つねに、いつものサービスに何か相手を驚かせるようなプラスアルファができないかを考える

おわりに　心づかいの「極意」とは

本編の最後に、「心とスキル」と申し上げました。「スキル」という意味では、心づかいの引き出しの数を増やすことが求められます。そのために必要なのは、「経験」「想像力」「伝承」によって、自分の中にさまざまなものを蓄積していくことでしょう。

心づかいの引き出しの中身は、決してマニュアルには書いてありません。だからこそ、経験する事例の多さは、何物にも代えがたいものになります。

ある事例に遭遇したとき、**過去の自分はどうやってきたか、先輩たちはどのように対応してきたか、今の自分はどう考えるか**——さまざまなことに思いをめぐらしたうえで、適切な心づかいを選択することが大切です。

そのとき、単に「方法」だけを身につけても、引き出しには残りません。必ず、背景や理由を理解するべきです。私の経験から言えるのは、**心づかいの一つひとつには必ず理由があるものだということです。**

たとえば、「畳の縁を踏んではいけない」というマナーがあります。それを、理由のわからないままただ覚えても、心づかいには昇華していきません。

昔、畳の縁には、それぞれの家の家紋が入っていました。それを踏むということは、その家の人に対して失礼になるという理由があるのです。

また、飲食店で割り箸を割るときは、左右方向に割るのではなく、上下方向に割るのが正しいエチケットです。

それについても、左右方向に割ると隣に座る人にぶつかったり、テーブルの上にあるビール瓶やお酒の徳利にぶつかって倒してしまうおそれがあること、また仏様にお供えするときに、箸をご飯に突き刺して立てる「立て箸」を彷彿とさせてしまうので、普段の食生活において箸を立てる、つまり左右に広げるように割るのはマナー違反である、という根拠があります。

理由がわかれば、それが腑に落ちて、心づかいの引き出しにしっかりと蓄積されていくものです。

心づかいの本質を知る。
それに基づいて、心づかいの引き出しを増やす。
そのとき、その理由を知ろうとする努力を怠らない。

そうすれば、なぜそのような行動をする必要があるのか、なぜそのような行動をすると相手の心が動くのかということが明確にわかります。引き出しにしまっておいても、実際に何かが起こったときに、自然に引き出せるでしょう。

この蓄積こそが、あなたを「心づかいの達人」にしてくれるはずです。心づかいの達人になるための「極意」は、ここにあると思っています。

本書の最後に、私が経験した事例のなかで、心づかいのエッセンスが詰まったケースをご紹介して、ペンを置きたいと思います。

◆　　◆

ある日、搭乗口でお客さまをお出迎えしていると、大事そうに遺骨を抱えた年配の女性が乗ってこられました。羽田発、青森行きの最終便でのことです。

私は、すぐに座席番号を確認し、担当のＣＡに連絡しました。その遺骨は、長年連れ添われたご主人さまということでした。

愛する人の遺骨。多くのお客さまは、離着陸の間も膝の上に抱えていたいという強い願いをお持ちです。

しかしながら、大きな四角い箱を膝の上に抱えていると、緊急事態が起こったときに、お客さまが安全姿勢を取ることができなくなってしまいます。ですので、私たちもまさに断腸の思いで、頭上の棚に収めていただくようお願いしています。

そのお客さまの座席番号は24Ａでした。隣が空いていて、その隣の24Ｃには中学生らしき男の子が座っています。すべてのお客さまのご搭乗が終わり、航空機のドアが閉まりました。

「よかった！　24Ｂは空席になっている！」

担当のＣＡがそのお客さまの席に赴き、声をかけました。

「ご主人さまには、隣のお席に座っていただき、離陸と着陸のときだけシートベルトを締めて差し上げてください」

でもその女性は、ご高齢のためか少し耳が遠かったようで、ＣＡの声が聞こえなかったようです。


すると、24Ｃに座っていた中学生らしき男の子が、空席になっている24Ｂのシートベルトを開けて、「こちらに座っていただきましょう」と言ったのです。

女性は少し驚いた様子でしたが、その後うれしそうな表情に変わり、首から提げた白い布を解いて、遺骨を隣の座席の上に置きました。男の子は白い布の結び目にシートベルトを通し、しっかりと固定してくれました。


羽田を離陸してしばらくすると、安定飛行に入ります。シートベルトサインが消えると、私たちのドリンクサービスが始まります。

担当ＣＡが、飲み物の入ったカートを引いて順々に座席を回っていきます。その女性の列になり、担当ＣＡは女性に尋ねます。

「お飲み物は何になさいますか？」

女性は、「冷たいお茶をください」とおっしゃいました。担当ＣＡが冷たいお茶を準備しようとしたとき、すかさず先ほどの男の子が割って入りました。

「冷たいお茶を２つください」

男の子は、お茶を１つその女性に手渡しし、そして遺骨が「座っている」座席のテーブルにもう１つのお茶を置いて微笑んだのです。

「おじいちゃんにも飲んでいただきましょうね」


中学生の男の子の心づかいは、そんじょそこらの大人にはできないものだと思いました。その男の子は、どうしてそんなことができたのでしょうか？　彼のご家庭のことは存じ上げないので、あくまでも私の想像です。

おそらく、小さいころから彼の身の回りにはいくつもの心づかいがあふれていたのでしょう。彼の心づかいの引き出しには、知らぬ間にさまざまなことが蓄積していたのではないかと思います。

このケースでも、大事な人を亡くされた人がどのような思いなのかを知っていて、どのようにお手伝いすればいいかがわかっていたのではないでしょうか。

私の二人の娘も大学を卒業し、社会人となりました。

はたしてこの男の子と同じように、彼女たちの身の回りにもいくつもの心づかいをあふれさせることができてきたか、母親としての自分に問いかけることがあります。

二人が各々1歳になるまでは、育児休暇を取ってそばにいることができましたが、その後は国際線を中心に乗務していましたので、月に10日しか家にいないような母親でした。おそらく寂しい想いもたくさんしたことと思います。

ですから、せめて一緒にいられるときはなるべく多くの会話をして、彼女たちの心づかいの引き出しにたくさんのことを蓄積させようと育ててきたつもりです。

長女には「どうしてもパイロットになりたい」という小さい頃からの夢がありました。その夢をかなえるためにさまざまな進路を模索し、宮崎県にある航空大学校への進学を目指しました。航空大学校には、「大学に2年以上在学し、62単位以上取得していること」

という入学要件があったため、高校卒業では入学資格がありません。長女は苦労して受験し、入学した女子大を2年生を終えた時点で中退する、という決断をし、航空大学校に進みました。

合格者72名の中で、女性はわずかに3名でしたから、その訓練は体力的にも精神的にもつらいことがたくさんあったようです。親元を離れたのも初めてのことだったので、毎晩のように泣きべそをかきながら電話をしてきました。それでもようやく、宮崎―帯広―宮崎―仙台と半年ずつ場所を変えながら繰り返された約2年半の訓練を経て、昨年、日本航空ではなく、青い方の航空会社に就職しました。

これから副操縦士、機長と自身のステータスを上げていくなかで、「習慣14」でお話しした「時間ではなく時刻で指示する」ような、一緒に乗務するCAやお客さまに心づかいのできるパイロットになってほしいと願っています。

2歳違いの次女は、長女と同じ会社のCAになりました。先日、二人の夢がかなって、姉妹フライトが実現。国内線日帰りの短いフライトでしたが、私は乗客として搭乗し、制服を身にまとう二人の勇姿を見て涙しました。

容易なことではないと思いますが、次女についても、多くのお客さまにご満足いただける「心づかいの達人」といえるようなCAになってほしいと願っています。

相手の思いや要望に応えるためには、自分の中の心づかいの引き出しからどのような「心づかいのスキル」を持ち出すか判断することが大切です。

本書でご紹介した心づかいの7つのルールと30の習慣が、みなさんの心づかいの引き出しを増やす一助になれば幸いです。

そして、みなさんが身につけた心づかいの極意によって、みなさんのたくさんのお客さまが幸せになっていただくこと、それが私の願いです。

JALファーストクラスのチーフCAを務めた「おもてなし達人」が教える“心づかい”の極意

発行日　2016年10月15日　第1刷
2022年12月20日　第2刷

Author　江上いずみ
（構成：新田匡央）

Book Designer　川添英昭

Publication　株式会社ディスカヴァー・トゥエンティワン
〒102-0093　東京都千代田区平河町2-16-1 平河町森タワー11F
TEL　03-3237-8321（代表）　FAX　03-3237-8323
http://www.d21.co.jp

Publisher　谷口奈緒美

Editor　三谷祐一

Sales & Marketing Group
蛯原昇　飯田智樹　川島理　古矢薫　堀部直人　安永智洋　青木翔平
井筒浩　王廳　大﨑双葉　小田木もも　越智佳南子　川本寛子
工藤奈津子　倉田華　佐藤サラ圭　佐藤淳基　庄司知世　杉田彰子
副島杏南　滝口景太郎　竹内大貴　辰巳佳衣　田山礼真　津野主揮
野﨑竜海　野村美空　廣内悠理　松ノ下直輝　宮田有利子　八木眸
山中麻吏　足立由実　藤井多穂子　三輪真也　井澤徳子　石橋佐知子
伊藤香　小山怜那　葛目美枝子　鈴木洋子　町田加奈子

Product Group　大山聡子　藤田浩芳　大竹朝子　中島俊平　小関勝則　千葉正幸
原典宏　青木涼馬　伊東佑真　榎本明日香　大田原恵美　志摩麻衣
舘瑞恵　中西花　西川なつか　野中保奈美　橋本莉奈　林秀樹
星野悠果　牧野類　三谷祐一　村尾純司　元木優子　安永姫菜
渡辺基志　小石亜季　中澤泰宏　森遊机　蛯原華恵

Business Solution Company
小田孝文　早水真吾　佐藤昌幸　磯部隆　野村美紀　南健一　山田諭志
高原未来子　伊藤由美　千葉潤子　藤井かおり　畑野衣見　宮崎陽子

IT Business Company
谷本健　大星多聞　森谷真一　馮東平　宇賀神実　小野航平　林秀規
福田章平

Corporate Design Group
塩川和真　井上竜之介　奥田千晶　久保裕子　田中亜紀　福永友紀
池田望　石光まゆ子　齋藤朋子　俵敬子　丸山香織　阿知波淳平
近江花渚　仙田彩花

Proofreader　株式会社鷗来堂

DTP　朝日メディアインターナショナル株式会社

Printing　日経印刷株式会社

ISBN978-4-7993-1977-2